現代アジアの「民主主義」

岩崎育夫
Iwasaki Ikuo

山川出版社

はじめに

現在、アジアには二〇をこえる国があり、どの国も表向きは民主主義を掲げている。ただ、その実態は民主主義とはかけ離れた状況となっている国が少なくない。たとえば、ここ一、二年をみても実例に事欠かない。二〇二一年には、ミャンマーでクーデタが起こり、民主的選挙で選出された政府が追放されて軍政になった。中国は、香港に中国とは異なる制度を認めた「一国二制度」をくつがえして、香港の人々の政治的自由を奪った。二〇二二年には、スリランカで政治の腐敗に対して怒りを爆発させた国民が大統領官邸を占拠し、大統領が亡命する出来事が起こった。フィリピンの大統領選挙では、かつての独裁者、マルコス大統領の長男が大統領に選ばれ、人権を無視した政策が目立ったドゥテルテ前大統領の娘が副大統領に当選するという事態になっている。なぜ、アジアではこうした問題が起こるのだろうか。

それを考えていく前に、まずは本書で扱うアジアの範囲について、一言述べておきたい。そもそも、アジアという言葉が指す範囲にはいくつか解釈の仕方があり、旧ソ連から独立した国々を含む中央アジア、それに歴史的にアジアと深い交流を行ったイランやメソポタミアなどの中東(西アジア)を含める見方もある。ただ、筆者は主に東アジア・東南アジアの政治を専門分野としてきたこともあり、本

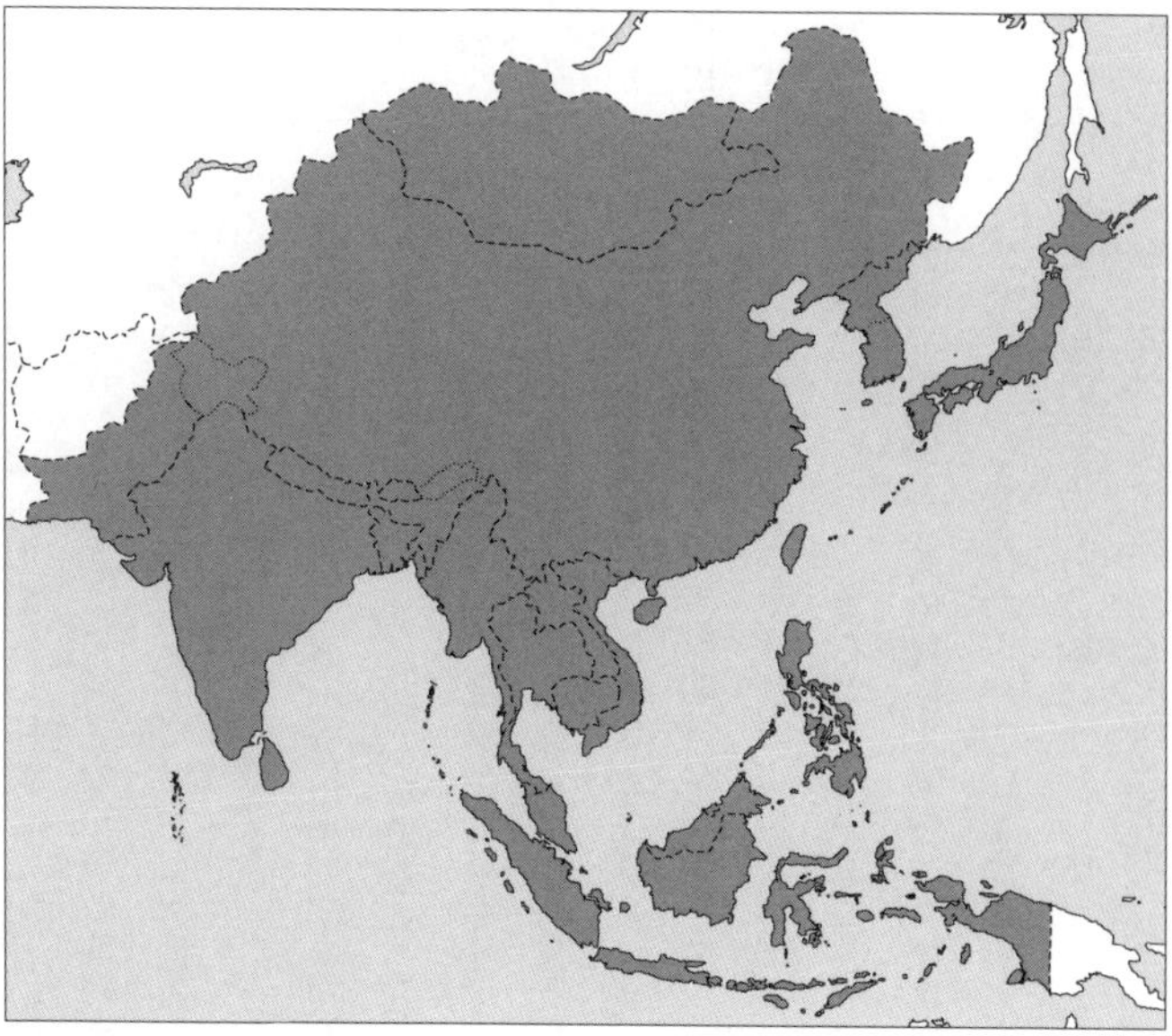

本書で扱うアジアの範囲

書においては上記二つの地域を含めない、外務省が採用している枠組みと同様のアジア（※外務省のWEBサイト参照）を基本的な対象範囲として話を進めることとする。すなわち、東アジア（中国や日本など）、東南アジア（インドネシアやタイなど）、そして双方と密接に関わる南アジア（インドやパキスタンなど）を合わせた範囲である。ただ、イスラーム教に関する説明などで、必要に応じて中東の事柄についても触れる部分があることをあらかじめ断っておきたい。

さて、政治体制とそれを支える政治思想はさまざまあるが、アジアには、民主主義、権威主義、一党独裁、軍政、王制など、世界のほぼすべての体制があるだけでなく、同じ政治体制の国同士でも、体制と支配者の統治を正当化する理由にはそれぞれ微妙な違いがある。そのありようの多様さはアジアの一つの特徴であると言えるだろう。

言うまでもないことだが、アジアでは第二次世界大戦後の独立の際にはじめて国家がつくられたのではなく、紀元前から各地に多くの国家が成立して、支配者による統治が行われてきた。これらの国々では、統治を正当化する言説内容に違いがあったとはいえ、ほとんどの国家が宗教を正当性の根拠として利用した。このテーマに関心がある人ならば、中国の儒教、インドのヒンドゥー教や仏教、あるいは、インドや東南アジアのイスラーム教をすぐさま思い浮かべることだろう。

そうした古代の国家で統治を支えた政治思想は、現代の国家にどのような影響を残しているのだろうか。古代の国家は支配者による専制が主流だったのに対して、現代は多くの国家で国民が主権をもつ民主主義が政治原理として一般的になっている。その点では古代と現代は大きく違っている。ただ、古代の国家を支えた政治思想や体制は、現代の国家にもその特徴が部分的に継承されており、そのことを踏まえて現代のアジア政治を考えていくことで、より深い理解につながるはずである。

そこで本書は、現代アジアの民主主義をアジアの歴史的文脈のなかで捉えて考えてみることを目的とした。そのために、まずは約二〇〇〇年間にわたるアジアの政治思想の歴史を概観して、君主専制体制から国民主権の民主主義体制にかわっていった経緯を大きな視点で捉えること、そして次に、世界のなかでみたアジア政治の特徴を描き出すことを試みた。政治思想の歴史を概観するにあたっては、どのような統治体制がアジアの大勢を占めたかによって時代を大きく三つの区分に分け、それぞれの時代的区分ごとの主な政治思想をみる方法でアプローチする。三つの時代的区分とは、世襲の支配者が専制的に統治する体制が主流であった王朝国家の時代、多くの国が植民地化されて欧米諸国などが統治する体制がアジアの大勢を占めた植民地国家の時代、そして、第二次世界大戦後の国民が主権者となる体制が主流となった現代国家の時代の三つである。厳密に言えば、国によって植民地化されたかされていないかの違いがあったり、いつまでが王朝国家だったかの年代が違っていたりするため、必ずしも区分やそのネーミングがすべての項目に対して適切とは言い切れない面もある。しかし、ここでの区分は、政治思想の変遷を大きな潮流として捉えるための補助線のようなもので、本書での便宜的なものとして理解していただきたい。

なお、国家を支えた政治思想、それを通史的にみた政治思想史と言えば、多くの人がヨーロッパの政治思想史を思い浮かべるに違いない。確かに、ヨーロッパで古代から現代に至るまで国々の変遷を支えたその政治思想の体系は、アジアをはじめ、世界各地に強い影響を与えたことは事実であり、ヨーロッパ政治思想史の意義と重要性は疑いようもない。しかし、政治思想はヨーロッパだけに存在したのではなく、アジアや世界各地の国々もそれぞれの政治思想の体系をつくり上げていたことを忘れてはならない。

アジアの政治思想を検討した研究書として、諸子百家の思想やインド古代思想など、中国やインドの古代国家の政治思想を扱ったものはこれまでに多くあり、それらを通史にまとめた、中国思想史やインド思想史などもある。これらはいずれも専門的で詳しく、アジアにおける政治思想がどのようなものだったか、その一面を深く知ることができる。とはいえ、アジアの特定の国、それに特定の時代を扱ったものがほとんどであり、アジアの政治思想が全体としてみるとどのような特徴をもつものだったのか、国や地域、時代によってそれらはどう違ったのか、あるいは何が同じだったのかなどを俯瞰して理解することは難しい。ましてや、紀元前から現代までの大きな潮流を捉えてアジア政治思想史全体をまとめたものとなると、皆無に近い。その原因の一つとしては、キリスト教の共通性をもつヨーロッパ、それにイスラーム教の共通性をもつ中東の場合、それぞれの地域諸国が同じような政治思想の下にあったのに対して、アジアは宗教や民族、政治社会の性格がそれぞれ違って多様であること、また、時代によってもそれらが異なるものであったことが挙げられる。それゆえ、アジア全体を一つの枠組みでまとめることが難しいことは確かである。しかし、だからと言ってこのような状態がよいとは思わない。

筆者は、現代のアジア政治に関心をもつ地域研究者だが、今回、現代アジアの民主主義を歴史的文脈のなかで理解しようとする取り組みの過程で、はからずもアジアの政治思想史を一通り概観する必要性を感じるに至った。そのため、力不足を承知の上で、本書ではそれに挑戦した。不完全ではあるものの、ある意味で本書は、アジア政治思想史のまとめのようなものとしての読み方もできるだろう。

今後、より詳細なアジア政治思想史の本がつくられることを期待したい。

ここで、通史としてのアジア政治思想史を踏まえる意義について、二つ挙げておきたい。

一つは、現代への影響について、より多面的な見方を提示できるという点である。インド思想研究者の中村元は、「インド文化圏は他の文化圏と違い、古代の姿がそのまま現代の生活のうちに生きて、働いていることが少なくない。この事実は、インドの古代を知ることが、現代を理解し、現代に対処するのに不可欠であることを示している」という主旨のことを述べている。これはインドだけでなく他のアジアの文化圏の国にも当てはまるだろう。そして、文化だけでなく政治思想についても同様のことが言えると筆者は考えている。現代のアジア政治がさまざまな様相をみせている原因を理解するには、近代からの影響をみるだけでは不十分で、その前の王朝国家の時代からの影響もあわせて検討することが不可欠なのである。近代からの影響を検討するだけではみえてこなかった、新たな側面に焦点を当てて考えることができる。それが、通史としてのアジア政治思想史を踏まえる意義の一つである。

もう一つは、他の文化圏と比較する際に、アジア特有の要素を明らかにしやすくなるという点である。世界各地の文化圏は、それぞれ歴史的な民族文化の影響を受けて、それぞれの独自性と言えるものをもっている。ただ、アジアの場合、近代以降は欧米からの影響を強く受けており、アジアの独自性についてはそれ以前の時代にさかのぼって検討することで、より明確に特徴を見出すことができるはずである。世界の潮流を念頭に置きながら、通史的に捉えたアジア政治思想史をみることで、世界のなかにおけるアジアの独自性や特徴が明らかになる。それが、もう一つの意義と考える。

ところで、アジア政治思想史の大きな潮流を捉えると言っても、本書は網羅的な記述を目指したものではない。たとえば、王朝国家と宗教の関係の検討では、儒教、ヒンドゥー教、仏教、イスラーム教を取り上げるが、アジアで誕生した宗教である、道教、ジャイナ教、それに各国の建国神話などは検討していない。また、植民地国家の時代における、アジアの知識人たちの政治思想言説にしても、筆者が特徴的だと考える思想家をみるだけであるし、現代国家の時代の民主主義論にしても、代表的なものを取り上げたにすぎない。これは、本書の主眼が、現代アジアの民主主義を考えることにあるためである。つまり、民主主義に関連するテーマに絞った「問題史」と言える。

本書は、可能な限り史料を挙げて説明を試みているが、それは、中国やインドなどの政治思想に関する中国語やサンスクリット語などの原典史料を、筆者自身が読み込んで綿密に検討したものではない。それぞれのテーマの専門研究者の手で日本語に翻訳された史料や文献を利用したものである。さまざまな専門研究者が書いた研究書や概説書などを参照した上で、アジア政治思想史の大きな潮流と特徴を、筆者なりの解釈や見方でまとめたものである。

改めて本書のねらいを言えば、現代アジアの民主主義をめぐる政治思想の多様性について、アジアの歴史的文脈のなかで捉えて考察することにある。その際、体系的な政治思想史の一つのモデルであるヨーロッパ政治思想史にも目を配りながら、筆者なりにアジアの政治思想の大きな潮流と特徴を簡単にスケッチし、可能な限り客観的に検討を行うように努めたつもりである。ただ、筆者としては、人々の自由や尊厳を重んじる自由主義型の民主主義がもっとも望ましいと考えていることは先に述べておきたい。つまり、本書での考察は、アジアの現状を肯定するためのものではなく、自由主義型の民主主義が定着していくためには、どのような問題と向き合う必要があるのかを考えていくためのものである。

最後に、構成について簡単に説明する。

序章では、国家や政治思想などといった、本書で用いる基本用語の説明と意味の確認を行い、そのあとで、ヨーロッパ政治思想史の大まかな流れと特徴をみておく。ヨーロッパの政治思想は、アジアの政治思想にも大きな影響を与えてきた経緯があるし、アジアの政治思想の特徴を浮かび上がらせるための比較対象としても知っておく必要がある。ただ、すでに詳しくご存じの方は、この部分は読み飛ばしていただいても構わないだろう。

第一章では、まず、紀元前から一九世紀(西欧諸国にアジアの大半が植民地化されるまで)のあいだに、アジア各地にどのような王朝国家が登場したのか、そして国家と宗教の関係はどうであったかなどを簡単にみる。それから、これらの王朝国家が宗教を利用して統治をどのように正当化、あるいは正統化したのかをみていく。とりわけ、なぜ国家がつくられたのか、誰が支配者を任命したのか、支配者が統治する目的はどう考えられていたのかなどについての言説を、宗教別に検討する。取り上げる宗教は、儒教、ヒンドゥー教、仏教、イスラーム教の四つである。そして最後に、この時代の政治思想の特徴について、いくつかの視点から考えてみる。

第二章では、最初に、ヨーロッパ勢力によるアジアの植民地化と、近代西欧の政治思想が流入したことによって、アジアの知識人にどのようなインパクトが与えられたのかをみる。その後、アジアの知識人が西欧の政治思想（とりわけ、国民主権や民主主義）に依拠しながら、王朝国家の体制や統治を変革することを意図して、どのような国家論や統治論、国家と国民の関係のあり方などを論じ、唱えたのかについて、代表的な思想家を取り上げ、その言説を検討する。また、西欧の政治思想を受けて、どのようにアジアの伝統思想を再認識したのかなどについても、アジアの知識人の考え方をいくつか検討する。

第三章では、第二次世界大戦後にアジアが独立した際、独立運動指導者の社会階層がどのようなものだったのかをまず押さえる。そして、自由主義国家と社会主義国家への分化が起こったり、多くの国で短期間に政治体制が民主主義体制から軍政などの非民主主義体制に転変したりしたが、その過程がどのようなものであり、その要因は何だったのかなどを簡単にみていく。その後、現代国家における民主主義をめぐる政治思想言説を検討する。その際、自由主義型の民主主義を説いた言説ではなく、それに反発したり否定したりしている言説に焦点を当てて考えることに重点を置きたい。すなわち、アジア型民主主義、権威主義、軍政、共産党独裁などが唱える、「反自由主義型」の民主主義の言説に注目し、自由主義型民主主義を否定する理由や論理がどのようなものかを主にみていく。これによって自由主義型民主主義を相対化して考え、その妥当性をより確信のもてるものにしていくことがねらいである。

終章は、アジア政治思想史の特徴がどのようなものか、そして民主主義との関連から何が考えられるか、いくつかの点を検討する。その後、これからアジア政治が民主主義を軸にどのような方向に向かうのか、そこでの課題は何か、実態を踏まえながら筆者の私見を交えて述べてみたい。

※https://www.mofa.go.jp/mofaj/area/asia.html(二〇二三年一月三一日参照)

現代アジアの「民主主義」 目次

序章

アジアの政治思想をみる下準備

本章では、最初に、国家や政治思想など、本書が使う基本用語の意味や考え方を明らかにしておく。その後、アジアの政治思想を世界史の潮流のなかで捉えるために、また、世界と比較するために、政治思想史の一つのモデルであるヨーロッパの政治思想について、古代から現代までの大きな流れと特徴を簡単にみることとする。

1　国家と政治思想

国家の誕生

現在、世界には一九七とも言われる数の国があるが、国家とは何かということについては、さまざまな定義の仕方があるだろう。本書は、主として現代のアジア国家について考えていくことが目的であることから、現代における国家の考え方を前提としたい。簡潔に言えば国家とは、国境によって他国と厳然と区分された領土、国家に帰属する国民、それに、この領域内において唯一、かつ最高の権威(主権)をもった国家権力、という三つの要素をもったものと定義できる。つまり、一定の領域とそこに住むすべての人々(国民)に対して、排他的な唯一の権威と権力組織が存在する政治社会のことと言える。

では、そもそも国家は、どのようにして誕生したのだろうか。

世界史をみると、世界各地に住む人々の生存を目的にした経済活動は、狩猟・採集、牧畜、農耕、商工業という過程を辿《たど》るものだった。このようななかで、灌漑《かんがい》などを利用した農耕、すなわち農業が発達すると、多くの人々が一定の土地に定住するようになり、集団生活を営む過程で大規模な社会と

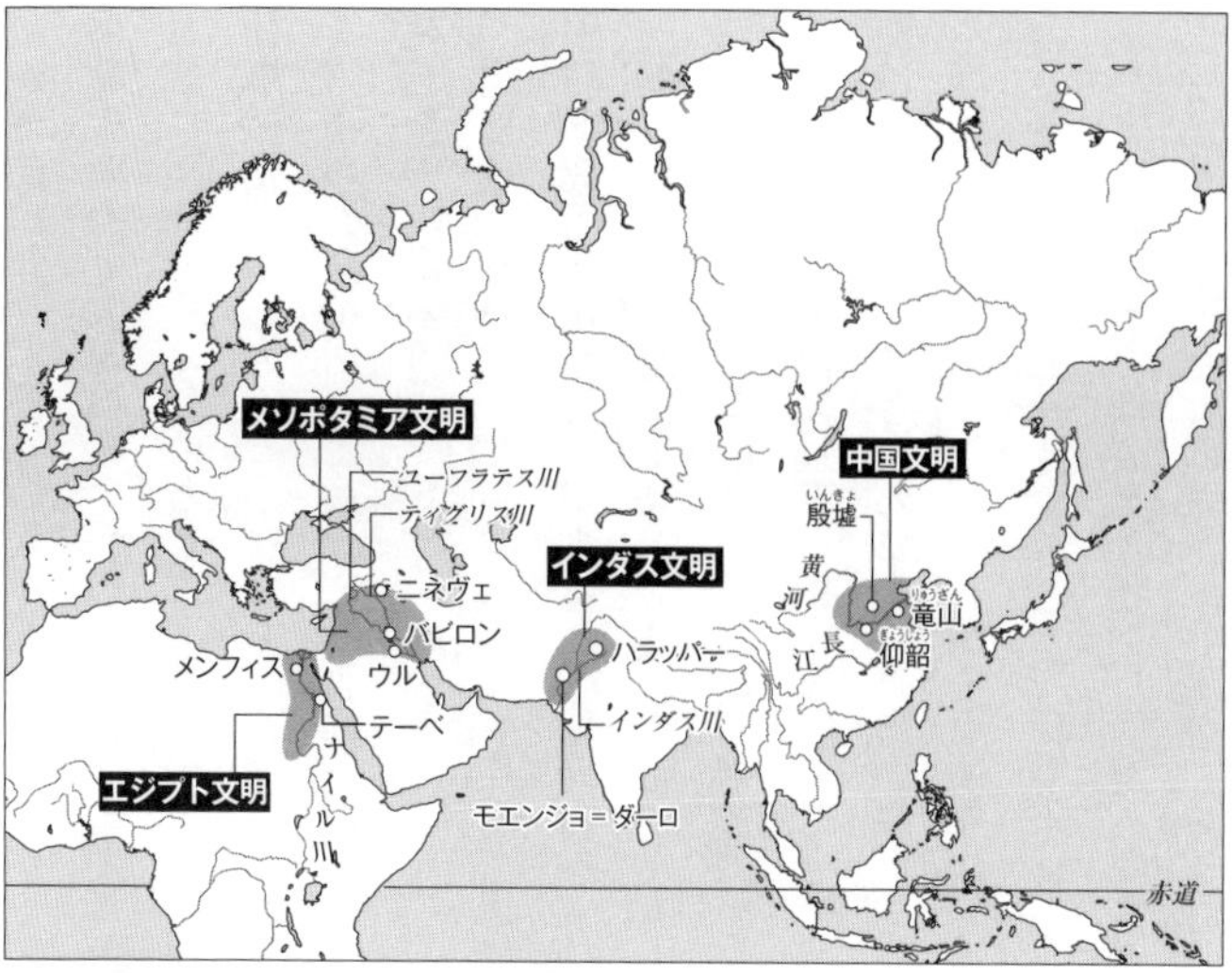

文明の興隆地域と河川

文明が誕生した。そして、この文明社会のなかから世界各地で農業を基盤とする国家が登場したのである。もちろん、農業基盤型の国家の他にも、貿易基盤型の国家、遊牧基盤型の国家などもあったし、また、広大な国土からなる国家や、小さな領域に限定された都市国家、他国との国境があいまいな国家などもあった。

ここでの関心は、有力国家が世界のどの地域で誕生したのかにある。世界各地で大規模社会と農業基盤型の国家が形成されたなかで、とくにメソポタミア、エジプト、中国、インドが代表的なものだった。これらの地域で大規模な文明社会が形成されたのは、それぞれティグリス川・ユーフラテス川、ナイル川、黄河・長江、インダス川などの大河が流れて、流域一帯が豊かな土壌地帯であったことから、盛んな農業生産が可能になり、多くの人々を養うことができたためであった。有力国家が登場するに際して、高い農業生産力と大規模社会が不可欠な要素だったことをとくによくあらわしているのが中国とインドである。両地域をはじめとして、多くの人々が農業に従事して食糧の余剰生産が生じると、農業以外の仕事に従事する人々、すなわち、宗教に関わる祭祀を司る神官、農具や生活道具や装飾品をつくる職人、物の売買に関わる商人、それに王侯や武士などを専業にする人々が登場して、ここから国家が誕生したのである。

注目されるのは、どの国家も社会秩序を維持するために支配者を必要としたことである。古代インド史研究者の山崎元一によると、紀元前一五〇〇年頃に中央アジアからインドに移動して、インドの支配民族になったアーリヤ人は、牛をもっとも重要な資源や財産として部族単位で生活を営んだが、部族の首長である支配者の役割は、部族内の家畜や牧草地をめぐる争いを調停すること、外部の敵との戦いにおいて部族民と財産をまもること、それに、牛を略奪するための襲撃や部族間の大規模な戦闘の指揮をすることなどにあったという。

これは一例だが、このことが示すように、支配者に期待された役割は、何らかの手段を駆使して社会の秩序を確保・維持すること、社会を脅かす外敵から社会を防御することなどにあったのである。また、農耕社会では灌漑管理を行ったり呪術者などを利用したりして農業生産を確実なものにさせることなども支配者に期待された役割であった。支配者が複数いた国家もあったが、ほとんどの国家において統治の過程で支配者は一人になった。一人が支配する統治は専制と呼ばれるが、その社会では支配者と被支配者が身分的に厳然と区分されたものとなる。そうした統治体制は世襲によって受け継がれることが多く、支配者の家系が代々支配者を引き継ぐ王朝国家が誕生する。

支配統治の正当性

古代の国家では支配者の出自は王侯や武士が多かったが、大きく分けて、社会内部から支配者が登場した場合と、外部勢力が征服した結果である場合との二つのパターンがあった。ここで重要なのは、どの国家でも支配者は権力掌握後に秩序を創出して、支配を持続させる必要があったことである。支配者が被支配者に対して支配を継続的に受容させること、そして、支配者の命令を受け入れるように被支配者を秩序づけること、それが統治である。

これを達成するためのもっとも単純で原始的とも言える手法は、物理的強制力、つまり、暴力的強制によって有無を言わせずに支配を受容させることである。ただこの手法は、武器を独占し、常に被支配者集団の人数に見合うだけの武力集団を支配する地域に配置しておかなければならないことから、人員の動員などにかかるコストが高いという難点がある。もっぱら武力を使った統治に対する被支配者の反応は、恐怖による他の土地への逃避か、武力反抗のいずれかが予想されるが、前者の場合は国家の経済基盤たる農業生産を維持することが難しくなるし、後者の場合は被支配者の武力反抗が成功して、支配が崩壊する可能性を否定できない。よって、被支配者の逃避も反抗も抑えられるだけの武力を維持し続けるためのコストを払い続けなければならないのである。

これに対して、もし被支配者が自発的に統治を受容したならば、武力維持のためのコストは最小限となり、統治にかかる負担を大きく削減できる。そのため、ほぼすべての国家の支配者が試みたのが、支配者と被支配者が共有する価値観や概念を利用して、被支配者に支配の自発的受容をうながすことだったのである。具体的には、その社会において伝統的な慣習や宗教の権威、あるいは合意に基づく統治が、支配者と被支配者の双方に受け入れられていた場合、それを利用して統治することである。古代の国家はほとんどが宗教的権威を盛んに利用し、支配の正当性という考え方が生まれた(正当性、ないしは正統性。正当性は、支配が法律や社会通念からして正しいと認められている状態のこと、正統性は、支配者が正しい系統や正当な血縁などの継承者であるとして、支配者の統治が認められる状態のことである。以下では、基本的に正当性を使うが、文脈に応じて正統性も使う)。支配の正当性とは、統治に際して、被支配者がすでに受け入れている価値観を掲げ、彼らのあいだにその支配統治が正しいもの、拒否できないものと受け止めさせることであり、統治をスムーズにする潤滑油のような役割を果たすものでもある。

その支配の正当性について、これまで多くの研究者が言及しているなかで、一九世紀ドイツの社会科学者マックス・ヴェーバー(一八六四〜一九二〇)が挙げた三つの類型がよく知られている。それによると、第一が、「伝統的支配」である。これは、宗教など社会の慣習や伝統がもつ神聖性や、それに基づく権威に依拠した支配者の統治を人々が受け入れたもので、古代の国家やヨーロッパ中世の封建国家にみられた類型である。第二が、「カリスマ的支配」である。これは、人々が予測しなかった何らかの異常事態や非常事態が社会に起こった際に、ある者が明示的に示した天与の資質、超人的な特殊能力、英雄的な弁舌などによって、それを解決したことから、人々がその者を支配者として受け入れるというもので、現代国家も含む、歴史上のどの時代のどの国家にもみられる類型である。第三が、「合法的支配」である。これは、支配者の統治が被支配者との合意に基づいたものであること、それに、支配者の統治が法に基づいたものであることであり、近代国家や現代国家における類型である。

この三つの支配の正当性の類型とアジアの国家との関係をみると、必ずしも厳密ではないが、王朝国家が伝統的支配とカリスマ的支配、現代国家が合法的支配に対応する。ただ、現代国家においても最初の二つの要素をもった支配体制も一部みられる。

国家主権と国民主権

ほとんどの古代国家が宗教を統治の正当性として利用したなかで、近代になると、国家それ自体を至高の存在とみなす政治思想が登場し、これが支配者の統治を支える正当性になった。フランスの思想家ジャン・ボダン(一五三〇~九六)が唱えた、国家主権がそうである。ボダンは、一五七六年に書いた『国家論』において、「主権とは、国家の絶対的、かつ永続的な権力である」と唱えて、国家が国家であることに正当性を与えるのは、この主権であるとした。絶対的の意味は、支配者が、国内の被支配者集団から拘束されないだけでなく、国外の権力からも自由であるということ、永続的の意味は、他者から支配の期限を制限されないということである。要するに、主権とは、何ものにも制約されない究極的権力のことである。

当初は、国家主権は国王主権のことであるとみなされた。その理由は、ボダンが国家主権によって、フランス国内にあっては王権に挑戦する諸々の政治勢力を抑え込み、国外にあっては国家の自立をまもることを考えたからであった。要するに、ボダンの言説は、国王が専制統治する絶対主義国家を念頭に置いたものであり、このあとでみる王権神授説に理論的基礎を提供することになった。ただ、ボダンは主権の要素として、立法権、対外的な外交権限、官僚の任命権、最高裁判権、恩赦《おんしゃ》の権限、貨幣の鋳造権、度量衡《どりょうこう》の制定権、課税権の八つを挙げており、これは現代国家にも当てはまる。

このボダンの言説によって、国家主権が現代国家を支える政治理念になったことは重要な点だと言える。その後、近代ヨーロッパで国王と国民のあいだで権利と義務をめぐってせめぎ合いが行われた末に、新たに唱えられた社会契約説などによって、国家主権の保持者は国王ではなく国民であるとされた。この結果、国民が国家の政治のあり方を最終的に決定する、最高権力の主体とみなされるようになったのである。こうして誕生したのが国民主権という考え方である。国民主権という考え方は、一八世紀にヨーロッパで登場した国民国家に存在意義と正当性を与えただけでなく、ヨーロッパ諸国による植民地化を通してアジアなど世界各地に伝わったことで、現代国家のキーワードとなったのである。

政治思想

ここで、本書で考える政治思想がどのようなものか説明しておこう。政治思想はいくつかの観点から捉えることができるが、本書で言う政治思想は以下のようなものである。すなわち、世界各地に登場した諸々の社会において、なぜ国家がつくられたのか、誰が支配者を任命したのか、支配者にはどのような資質が必要とされたのか、統治の目的は何か、支配される者の立場や権利はどのようなものかなどに関して、支配者と被支配者のどちらか、あるいは両者の観点に立って説いた言説のことである。この政治思想は、王朝国家から現代国家に至るまで、あらゆる類型の国家にみられるものだが、その理由は、どの時代のどの国家も、支配統治を安定的に持続させるために、それを正当化する言説を必要としたからである。

要するに、政治思想とは、国家における「支配――被支配関係」に関わる言説のことであり、自国の知識人などを動員して政治思想をつくり出した支配者もいれば、他国や他の地域でつくられた政治思想を利用しただけの支配者もいた。さらには、どの時代のどの地域の国家にも適用できる普遍的なものもあれば、ある時代のある国家にだけ適用できるにすぎない特殊なものもあった。ただ、アジアでもすべての王朝国家と現代国家が、何らかの政治思想を唱えたのである。

ただ、国家と政治思想の関係には二つの側面があることを指摘しておきたい。一つは、どの政治思想も、その時代の国家や政治のあり方に規定されるということである。つまり、時代や国家の性格が変わると、政治思想の内容も変化するということである。実際、本書でみるように、アジアでも王朝国家の時代、植民地国家の時代、現代国家の時代と国家を取り巻く状況が変わるごとに、国家を支える政治思想もそれぞれ違ってくる。もう一つは、ある時代に生まれた政治思想は、その時代の支配者と被支配者双方に対して、国家や政治についての考え方や見方を規定する役割を果たしたことである。すなわち、ある政治思想が支配する国家に生まれ育って生きた人間は、それとは異なる外部世界の政治思想に接する機会をもってそれを受け入れない限り、従来の政治思想が説いた価値観のなかで考えることが一般的だったのである。

本書の視点

本書はアジアの政治思想史を検討するが、二つの限定を明らかにしておきたい。

一つは、本書では思想の検討のみを扱うという点である。そもそも、いかなる政治思想も思想と行動からなっている。このうち思想は、あるべき国家や制度を説いたものであり、それは現実のものではなく、思想家の頭のなかで生まれた理念的言説にすぎない。これに対して、ある政治思想を現実の政治社会のなかで制度として実現しようとするのが、行動である。政治思想は、思想と行動が一体になってはじめて意味をもつものであるが、本書は、過去二〇〇〇年ほどのあいだに唱えられたさまざまな政治思想の言説だけを検討するものであり、それを実現することを目的にした行動については扱わない。

もう一つは、国家と宗教の関係をどう取り扱うのかについてである。両者は必ずしも常に「一体的」と言えるものではなく、相互に無関係な独自の領域があって、宗教が国家を利用する側面もあった。ただ、本書はもっぱら国家の支配者が統治において宗教をどのように利用したのか、という観点からのみ検討するものとする。

2　ヨーロッパ政治思想史の展開

古代メソポタミアの神権政治

ヨーロッパの政治思想史を説明する前に、世界最古と言われる古代メソポタミア文明での政治思想についても簡単に触れておきたい。

メソポタミアは、「川のあいだの土地」を意味し、ティグリス川・ユーフラテス川の流域地方を指す。ほぼ現在のイラクと重なる地域にあたる。メソポタミアは両河流域の水利を利用して豊かな農業生産が可能になったことを一因として、世界史においてもっとも早い時期に文明社会が発達し、これを基盤に都市国家がつくられた地域である。統治が高度に発達していたことを示す例の一つが、紀元前一八世紀頃にバビロン第一王朝時代のハンムラビ王が、世界最古の法と言われる「ハンムラビ法典」を制定したことだった。

古代メソポタミアにおける政治思想の特徴は、都市は守護神が支配すると考えられて、最高の神官でもあった国王が、占いによって神意を問い、それに基づいて統治したこと、すなわち神権政治を行ったことである。紀元前二一世紀にシュメール人がつくったウル第三王朝の第二代国王シュルギは、

「私は王、王家の嫡流。女王の産み給いし者、私は由緒正しき王子、シュルギ神。誕生前から良き運命を定められた私である」と述べて、自分は神の子であると唱えた。この例からも、当時の政治が神権政治であったことがわかる。

メソポタミアの地に起こったアッシリア王国も、国王は神との関わりで支配を正当化した。紀元前七世紀にメソポタミアだけでなく、エジプトなど、全オリエントを支配した国王のアッシュルバニパルは、神が王であり、自分は神の意志を実行する副王であると唱えた。

光明と暗黒の二神の存在を前提として、火や光を象徴する光明神の崇拝を重んじるゾロアスター教を信仰した、ペルシアのアケメネス朝(前五五〇〜前三三〇)も、支配者はゾロアスター教の光明神で最高神のアフラ・マズダーの名の下に、王位を正当化した。たとえば、紀元前六世紀にダーラヤワウ(ダレイオス一世、在位前五二二〜前四八六)は、国王への就任に際して、「アフラ・マズダーの恩恵により、これらの国々は、私に帰属し、私に服従し、私に貢物を献じた。私が彼らに昼に、あるいは夜に命じたことは、実行された」と宣言した。

このように、古代メソポタミアでは、宗教や神話で支配を正当化した国王の下で、官僚制と軍が整備されて統治が行われたが、これは第一章でみるように、アジアの王朝国家の支配者たちも、支配者たる自分は天や神によって任命されたものであると唱えたので、ほぼ同じである。しかし、次にみるアテネとローマはこれと全く違うものだった。

アテネの民主政とローマの共和政

世界史における古代アテネと共和政ローマの特徴としては、国家の領域が都市国家だったということの他に、統治が君主による専制ではなかったこと、基本的に戦を専業とする兵士はいなかったこと、それに、行政を専門職にする官僚もいなかったことが挙げられる。それらの要因は、抽選などによって市民が交代で日常的な行政統治を担ったこと、近隣諸国と戦争が起こった場合は市民が自ら戦士となって参加したことなどにあった。政治思想史においてアテネとローマが何よりもユニークなのは、専制でない政治形態を採用したという点である。

古代ギリシアでは都市を単位にした都市国家(ポリス)によって政治が行われ、国政にたずさわる成員は貴族と平民の男性からなっていた。紀元前八世紀頃に始まったポリス政治は、当初は貴族が支配者集団だったが、平民の地位が向上すると、アテネなどでは市民のなかから公職者を選ぶ民主政になった。平等な人々からなるポリス政治では、自由民が参加する民会が最高機関とされ、ポリスを運営する職務は順番やくじで公平に選出された。

国家の構成員が対等で同じ権利をもったアテネの民主政は、近代に西欧で誕生した民主主義のモデルになったが、近代民主主義とは、二つの点で決定的な違いがあった。一つは、ポリス政治の参加者が自由民に限定されていたことで、アテネの場合、住民の約五五パーセントを占めた市民(とその家族)だけが対象で、約四〇パーセントを占めた奴隷は対象外だった。もう一つは、ポリス政治では自由民が全員参加する直接民主主義の形態が採られたが、時代の経過とともに国家の支配領域が広大になり、住民の数が増大すると、この形態が限界に直面したことである。近代民主主義がこの問題を克服した方法は、選挙で代表者を選出する代議制民主主義を導入したことであった。

ローマは、同じ都市国家ながらも共和政が採られた。これは、貴族による選挙で選ばれた、任期一年の二人の執政官が最高指導者となり、貴族からなる元老院が執政官を監督するというものである。ローマでも当初、平民は参加を認められなかったが、経済力をつけると貴族との抗争の末に、平民の権利をまもる護民官の導入に成功しただけでなく、平民からなる平民会の設置も認められた。しかし、ローマの支配領域がイタリアからヨーロッパ南部、中東、アフリカ北部に拡大して、地中海を取り囲む地域のさまざまな異民族を支配下に入れると、共和政から帝政のローマ帝国に変貌した。すなわち、共和政から少数の指導者が支配する三頭政治になり、独裁官の終身化を経て、皇帝が統治する帝政になったのである。こうなると、アジアの王朝国家などでもみられた専制の形態と同様となり、ローマの政治形態のユニークさは失われた。

中世のキリスト教国家

古代メソポタミアと同様に、ヨーロッパでも支配者による統治の正当性の根拠として宗教が利用された。その宗教は、キリスト教である。キリスト教は、紀元前六世紀頃に誕生したヘブライ人(ユダヤ人)の民族宗教であるユダヤ教を継承して、イエス・キリスト(前七～三〇年頃)が紀元ゼロ年前後につくった宗教である。ユダヤ教とキリスト教の関係は、第一章でみる、インドのバラモン教とヒンドゥー教の関係に似ていなくもない。キリスト教は、ローマ帝国や中世ヨーロッパの国々で支配者の統治を正当化する役割を果たしたが、その経緯は次のようなものだった。

当初、ローマ帝国はキリスト教を厳しく弾圧したが、四世紀初めに公認すると、その後、ヨーロッパ各地に広まって定着した。公認した背景には、キリスト教をローマ帝国の統一に利用しようという目論見があった。キリスト教は、聖書が「カエサルのものはカエサルに、神のものは神に」と謳《うた》ったように、もともとは政治と距離を置いていたが、これ以降は政治との関わりを強めていったのである。四世紀末にローマ帝国は西ローマ帝国と東ローマ帝国に分裂し、ゲルマン人の大移動などによって西ローマ帝国が滅亡すると、現在におけるフランス、イギリス、スペインなどの国が割拠する状態になった。しかし、西ヨーロッパが諸々の国家の分散状態となったとはいえ、これら諸国はキリスト教の共通性でつながっており、一つのキリスト教共同体を形成した。この共同体では、宇宙の創造者で支配者である神→神の子イエス・キリスト→キリストの代理者ローマ教皇→教皇に戴冠された皇帝、という権威図式によって、世俗権力者の皇帝(国王)の支配統治が正当化されたのである。

これはアジアの王朝国家の支配者が、儒教やヒンドゥー教などに支配統治の正当性を求めたのと同じである。

近代民主主義と社会契約説

近代になると国民主権の民主主義が登場して、これが近代国家と現代国家の政治体制モデルになった。政治的自由と人権を基礎にした民主主義(リベラル・デモクラシー。以下では、民主主義、欧米型民主主義、自由主義型民主主義の表記を文脈に応じて使い分ける)がそうである。統治形態は、アテネのような直接民主主義ではなく、選挙によって国民が選んだ議員で構成される議会を国家の最高意思決定機関とする間接民主主義、すなわち議会制民主主義になった。議会制民主主義では、選挙における主役が政党であることから、政党政治とも呼ばれる。

近代民主主義に理論的根拠を提供したのが、社会契約説である。神に任命された国王が支配者であるというそれまでの見方にかわって、普通の人々を国家の主人公に据えた政治思想、すなわち、国民が自ら国家をつくって支配者を選んだという考え方である。これは、国家の成立メカニズムを普通の人々(国民)の立場から考察したものである。その背景には、一四世紀にイタリアで始まり、一五世紀に西ヨーロッパ各地に広がった、人間中心のヒューマニズムを謳うルネサンスがあった。社会契約説の形成過程において下準備の役割を果たしたのが、イタリアのフィレンツェ共和国の書記官・外交官を務めたニッコロ・マキァヴェリ(一四六九~一五二七)である。その後、イギリスの政治思想家トーマス・ホッブズ（一五八八〜一六七九）とジョン・ロック（一六三二〜一七〇四）が理論的基礎を築き、最後にフランスの思想家で『社会契約論』（一七六二年）を書いたジャン・ジャック・ルソー（一七一二〜七八）が完成させた。このことは、社会契約説が近代ヨーロッパの「協同作品」であることを示している。社会契約説の要旨は、筆者なりにまとめると次のようなものである。

まず、これらの政治思想家の頭のなかにおける仮説作業として、集団生活を営む人間を社会から切り離して、一人一人が孤立した状態を措定《そてい》し、これを自然状態と呼んだ。しかし、これは全く秩序がない状態であり、それぞれが自分の生存を目的に相互に殺し合う戦争状態に陥ることを避けられない。そのため、人間の合理主義意識に訴えて個人を単位に国家をつくる約束（契約）を行い、支配者に秩序を維持する権限を与えて、それに服従する約束をした、という内容だ。もちろん、実際に契約が交わされたわけではないが、重要なのは、国民の約束によって国家がつくられたとみている点で、支配者と国民の関係を国民の側から捉えた点である。

興味深いことに、第一章でみるように、インドなどアジアの王朝国家でも、「疑似」社会契約説と呼べるものが唱えられた例がある。

ラディカルな人間平等論

強調しておきたいのは、社会契約説の基底に、人々は自由で平等で自立した存在であり、互いに支配服従関係は存在しないという考えがあったことである。これを雄弁に物語るのが、社会契約説の成立に先立つ一七世紀に起こったイギリス革命において唱えられた、身分の違いを否定してラディカルな人間平等論を唱えた水平派の主張である。これは、一六四七年に発表された『人民協約』で明らかにされたものであり、ヨーロッパ政治思想史の教科書は、その主張を次のように要約している。

人間は神によって理性を与えられた自由で平等な存在であり、不可侵の権利(自然権)を持っており、何人たりとも奪うことはできない。その意味で人間には生まれながらにして、人間として持つ権利、人権が認められる。こうした権利の観念は、これまでの権利、すなわち、特権とは異質である。それというのも特権は、特定の社会的・経済的地位に伴って認められる個別的・具体的権利であり、人権のような抽象性、普遍性を持っていないからである。(佐々木・鷲見・杉田『西洋政治思想史』九一頁)

ここには依然として神が登場しているとはいえ、水平派の人々は、人間が別の人間に服従する状態が正当とみなされるのは、それを自発的に受け入れた場合だけである、と提唱した。すなわち、他の人々と一緒に国家をつくって、秩序を維持する権限を支配者に与えた場合でしかない、と唱えたのである。この水平派の人間平等論は、当時、人間の身分の違いを自然現象と同様に当然のこととして受け入れていた多くの人々には、過激なもの、ユートピア的なものと受け止められたが、今では、この見方が政治社会の「常識」になった。通常はヨーロッパ政治思想史で大きく扱われることがない水平派の言説をわざわざ取り上げたのは、これこそが現代国家において国民に向けるべき見方だという筆者の主張に沿うからである。

水平派の人間平等論は、社会契約説に依拠して、政府の権力は国民の信託を受けたものであるとする考えにつながり、そうして国民主権という考え方が成立した。国民主権という考え方が政治体制に対して与えた影響力は大きく、国民主権を君主制と併存させると、君主の権限を制限した立憲君主制になり、さらに一歩進めると、君主を廃して共和制となる。第二次世界大戦後、アジア諸国は独立するにあたって、ほとんどの国が立憲君主制か共和制を採用した。また、社会主義国を除いて、議会制民主主義と政党政治を導入したのである。

王権神授説

とはいえ、近代ヨーロッパの政治思想が国民主権や民主主義一色で塗りつぶされていたわけではなかったことに留意する必要がある。実態はむしろ逆であり、さまざまな対立的な政治思想がひしめき合い、キリスト教に依拠した政治思想も依然として根強く残っていたからである。

一八世紀にフランスの司教ジャック＝ベニーニュ・ボシュエ（一六二七〜一七〇四）が、新約聖書を援用して王権を次のように主張したことは、これを示す一つである。ボシュエは、「すべての人は上に立つ権威に従うべきである。なぜなら、神によらない権威はなく、おおよそ存在している権威は、すべて神によって立てられたものだからである。したがって、権威に逆らう者は、神の定めにそむく者である。神は国王を自らの代理人として、国王を介して民を統治する」という主旨のことを説いた。これが王権神授説であり、フランス革命以前にルイ一四世(在位一六四三〜一七一五)が行った専制を支える政治思想になっただけでなく、フランス革命後の一九世紀に王政が復活すると、ルイ一八世(在位一八一四〜二四)はこれに依拠して、国王の人身は不可侵にして神聖であり、行政権は国王にのみ属すると宣言したのである。

一九世紀のヨーロッパでは、王権は神から与えられたものであると説く旧来の政治思想と、社会契約説に基づいた国民主権を説く新しい政治思想が隣り合わせに共存して、せめぎ合いが起こった。近代のアジアでも、一部の知識人によって国民主権が唱えられたかたわらで、日本やタイなどにおいては王権神授説に類似した言説が登場することになる。

共産主義

一九世紀後半になると、民主主義のライバルともなる共産主義が登場した。これは、ドイツの経済学者カール・マルクス(一八一八〜八三)が唱えた思想で、その背景には資本主義の発達があった。一八世紀中頃、ヨーロッパで産業革命が起こると、資本主義が発達して豊かな文明社会が登場した。しかしその社会は、資本をもつ資本家と資本をもたない労働者のあいだで貧富の格差が広がるという暗い側面をもつものだった。

社会主義は、資本主義がもたらした苛酷な生存競争と経済格差を批判し、資本主義社会の私有財産制度は不公正と格差を助長するとして、その制限と、労働者を中心にした平等で公正な社会の実現を目指した。そこでは、社会の矛盾を解決するには、政治制度よりも経済制度の変革が不可欠であることが強調された。

共産主義は、資本主義の次に社会主義になり、その後、最終段階の共産主義になると考える思想で、その最大の特徴は社会を階級の観点から捉えることにある。すなわち、近代社会は裕福な資本家階級（ブルジョワジー）と、貧しい労働者大衆階級（プロレタリアート）の階級対立と闘争であるとし、ブルジョワジーを廃して、プロレタリアートが完全に権力を握った国家をつくることを唱えたのである。共産主義社会の実現を目指すプロセスとしては、第一段階は、共産党がプロレタリアートの闘争を指導するプロレタリアート独裁の下で、私有財産制度と資本主義の経済原理である市場経済を廃止すること、第二段階は、階級対立が終焉《しゅうえん》して、生産手段の共有と生産物の平等な分配が実現し、この結果、国家と権力が消滅して人々の自由な協同が国家にかわること、とされた。

マルクスは、資本家階級を倒す革命は、資本主義が発達して数多くの労働者階級が生まれたイギリス、フランス、ドイツなどでまず起こると考えたが、実際に世界で最初に革命が起こったのは後発資本主義国のロシアだった。一九一七年にボリシェヴィキ(のちに共産党となる)が主導するロシア革命が起こり、帝政が廃止された。その後、共産党指導の下で労働者と農民を軸にする世界最初の社会主義国家ソ連が誕生し、共産主義を実現するために、労働者階級を指導する共産党の一党独裁が行われた。アジアにとって重要なのは、このことが議会制民主主義と並んで、アジアの独立運動家に強烈な衝撃を与え、第二次世界大戦後に中国やベトナムなどの社会主義国家における共産党独裁のモデルになったことである。

三つの政治体制

最後に現代の政治体制についてみておく。二〇世紀に入ると、政治研究者のあいだで、世界の国々の政治体制は民主主義と全体主義の二つからなるという見方が唱えられた。この背景には、ヨーロッパでイギリスやフランスなどの民主主義国家の他に、ドイツでヒトラー(一八八九〜一九四五)を指導者として国民の思想と行動を全面的に抑圧・管理するナチスドイツが登場したこと、それに、ロシア革命の結果、社会主義国家になったソ連でも、共産党の指導者スターリン(一八七九〜一九五三)の下で、ナチスと同様に、国民を全面的に抑圧・管理する体制が出現したことがあった。ナチス体制は民主主義体制から生まれたもので、スターリン体制は社会主義体制から生まれたものだという出自の違いはあったが、両者はともに国民を抑圧・管理するという共通点をもっていた。

民主主義体制とは全く異なるナチス体制とスターリン体制は、全体主義体制と名づけられた。その特徴は、統一されたイデオロギー、単一の政党、国民生活を監視する秘密警察、権力によるマスコミ独占など、国家があらゆる組織と手段を駆使して国民生活を管理・掌握することにあるとされ、経済、社会、文化のすべての分野で国家が干渉と管理を行うものであった。

そして、一九六〇年代になると、スペインの政治学者ホアン・リンス(一九二六〜二〇一三)が、軍人フランコ(一八九二〜一九七五)が支配するスペインは民主主義体制でも全体主義体制でもないとして、新たに権威主義体制という言葉を用いた。簡潔に言えば権威主義体制とは、制限された、責任の所在が不十分な多元主義、指導的なイデオロギーがなく、国民を高度な程度に政治動員することもない体制のことである。漠然とした言い方だが、権威主義体制は、民主主義体制と全体主義体制の中間形態と言うことができる。

本書は体制論を使って現代アジア政治をみるものではないが、この三つの体制を枠組みとしてみることも可能であり、その場合は、ほとんどの国が民主主義体制か権威主義体制のいずれかになる。

それでは次章から、ここでみたヨーロッパの政治思想史の過程を参考にしながら、アジアの実態と、そこで唱えられた政治思想がどのようなものかを王朝国家の時代、植民地国家の時代、現代国家の時代の順番でみていくことにする。

第一章

王朝国家の時代
（紀元前400年頃〜19世紀末）

本章では最初に、古代にアジア各地でどのような国家が登場し、それぞれの経済基盤がどのようなものだったのか、それに、国家と宗教の関係はどのようなものだったのかについて簡単にみる。その後、各王朝国家を支える政治思想の役割を果たした宗教について検討する。具体的には、儒教、ヒンドゥー教、仏教、イスラーム教を取り上げ、これらの宗教を拠りどころとしてなぜ国家がつくられたのか、天や神が支配者を任命したとする際の理由づけは何か、支配者の統治における任務は何にあるとされたのか、人民の立場はどのようなものと考えられたのか、などについて、その言説を検討する。最後に、王朝国家における政治思想の特徴についていくつか考えてみる。

1　アジア各地の王朝国家

王朝国家それぞれの経済基盤

アジアにおいて統一王朝国家が登場するのは、東アジアの中国では紀元前三世紀(秦)、南アジアのインドでは中国よりも少し早い紀元前四世紀(マウリヤ朝)である。その後、東アジアの朝鮮と日本、それに、東南アジア各地で諸々の王朝国家が登場した。

これらの王朝国家は、定住型農業か移動型遊牧を経済基盤としたが、古代の有力国家は例外なく農業基盤型の国家だった。その理由は、中国では黄河や長江の流域、インドではインダス川やガンジス川流域の農業地帯に大都市と文明社会が発達して、これを基盤に有力国家が登場したことにあった。東南アジアでも、中国やインドと比べると巨大国家と言えるものではなかったが、ベトナム、タイ、ミャンマー、それにインドネシアの有力国家は、大河沿いの肥沃な農業地帯につくられたものだった。

このようななかで、アジアのいくつかの地域、とりわけ東南アジアでは貿易基盤型の有力国家が登場するようになった。タイのアユタヤ朝(一三五一〜一七六七)やマレーシアのマラッカ王国(一四世紀末〜一五一一)などがそうで、これらの国家は中国やインドだけでなく、アジア各地や中東、ヨー

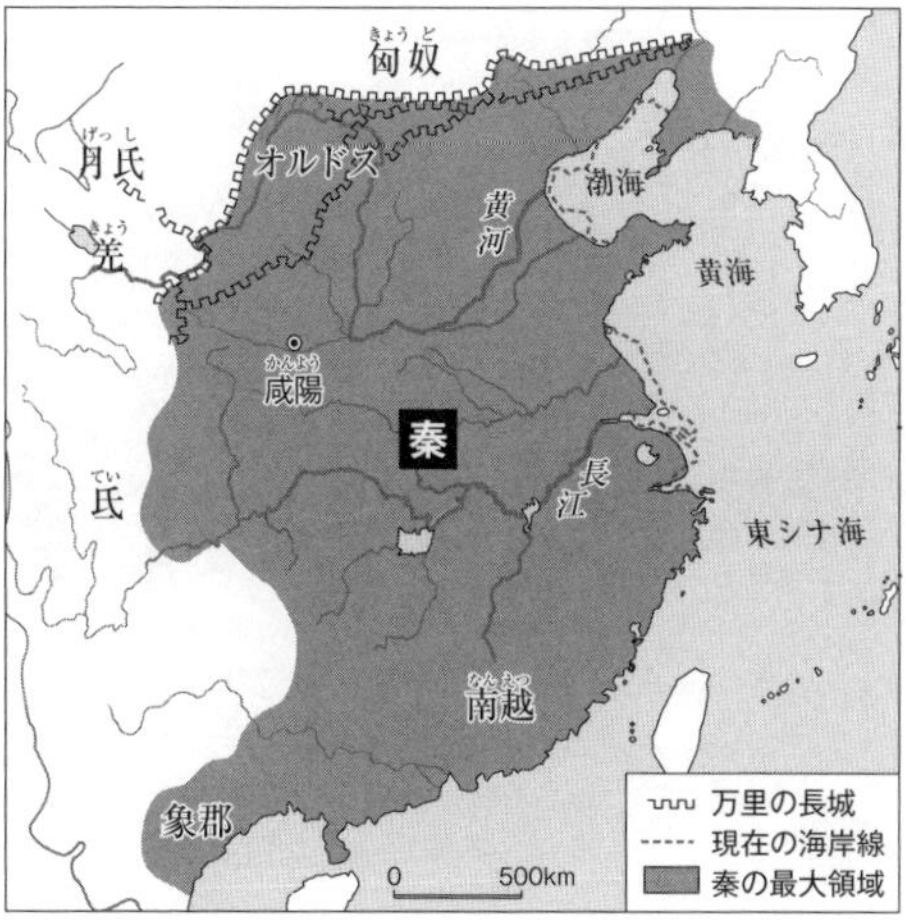

秦の最大領域

マウリヤ朝の最大領域

磨崖碑、石柱碑とは、マウリヤ朝第三代国王アショーカがダルマに基づく政治を根付かせるために各地に刻ませた碑文である。

15世紀ごろの東南アジア

ロッパの国々とも海上を通じての多面的な貿易を行ったことから、港市国家と呼ばれた。また、農業基盤型の中国も貿易に力を入れ、とくに唐はアジアや地中海地域などの国々とシルクロード、それに海域を利用した貿易を行ったことで知られている。

なお、中国ではその後、遊牧民族のモンゴル人、それに半猟半農民族の満洲人が漢人の国家を征服して新支配者になったが、いずれも支配の拠点を華北の北京に置いたので、農業基盤型国家とみなせる。

王朝国家と宗教

注目すべき点は、中国とインドの有力国家をはじめとして、アジア各地に登場した王朝国家が、ほぼ例外なく統治のために宗教を利用したことである。これは古代メソポタミアや中世ヨーロッパと全く同じである。当初は、呪術などを用いたアニミズムなどの原始宗教的信仰が利用されたが、文明が発達して壮大な世界観をもった宗教が登場すると、これが利用された。アジアにおける王朝国家と宗教の関係を簡単に素描すると、次のような図式を描ける。

東アジアの王朝国家においては、主に仏教と儒教の利用が特徴的であった。とりわけ儒教の影響は大きく、紀元前二世紀に中国の前漢で儒教の官学化(国教化)が行われて体制を支える政治思想になって以降、その後の王朝も儒教を拠りどころとした。これは、漢人がつくった王朝だけでなく、モンゴル人がつくった元、満洲人がつくった清などでも同様であった。また、中国の冊封《さくほう》体制下に組み込まれたことで朝鮮とベトナムの王朝国家にも儒教の利用が広まった。冊封体制とは、中国の皇帝が周辺国の支配者を国王などに任命して取り結ぶ、いわば支配と従属の関係である。これを通じて儒教が周辺国に伝わっていった。日本では、古代のヤマト政権や室町幕府などが中国の冊封体制下に入ったという見方もあるが、その際の儒教の受容は限定的で、仏教の利用が盛んであった。ただ、江戸時代の徳川幕府は中国の冊封体制下には入らなかったものの、儒教を官学として体制維持のための思想とした。

東南アジアの王朝国家では、ベトナムを除くと、インドの宗教、つまりヒンドゥー教と仏教を統治に利用した国家がほとんどであった。両者のうちでは仏教の影響力がより強く、これを物語るのが、東南アジアの有力国家がそれぞれ残した仏教遺跡である。インドネシアのシャイレンドラ朝(七五二頃～八三二頃)が残した世界最大級の仏教遺跡ボロブドゥール、ミャンマーのパガン朝(一〇四四～一二九九)が残したパガン遺跡、そしてカンボジアのアンコール朝(八〇二頃～一四三二)が残したアンコール・ワットなどを現在もみることができる。このうちアンコール・ワットは、当初はヒンドゥー

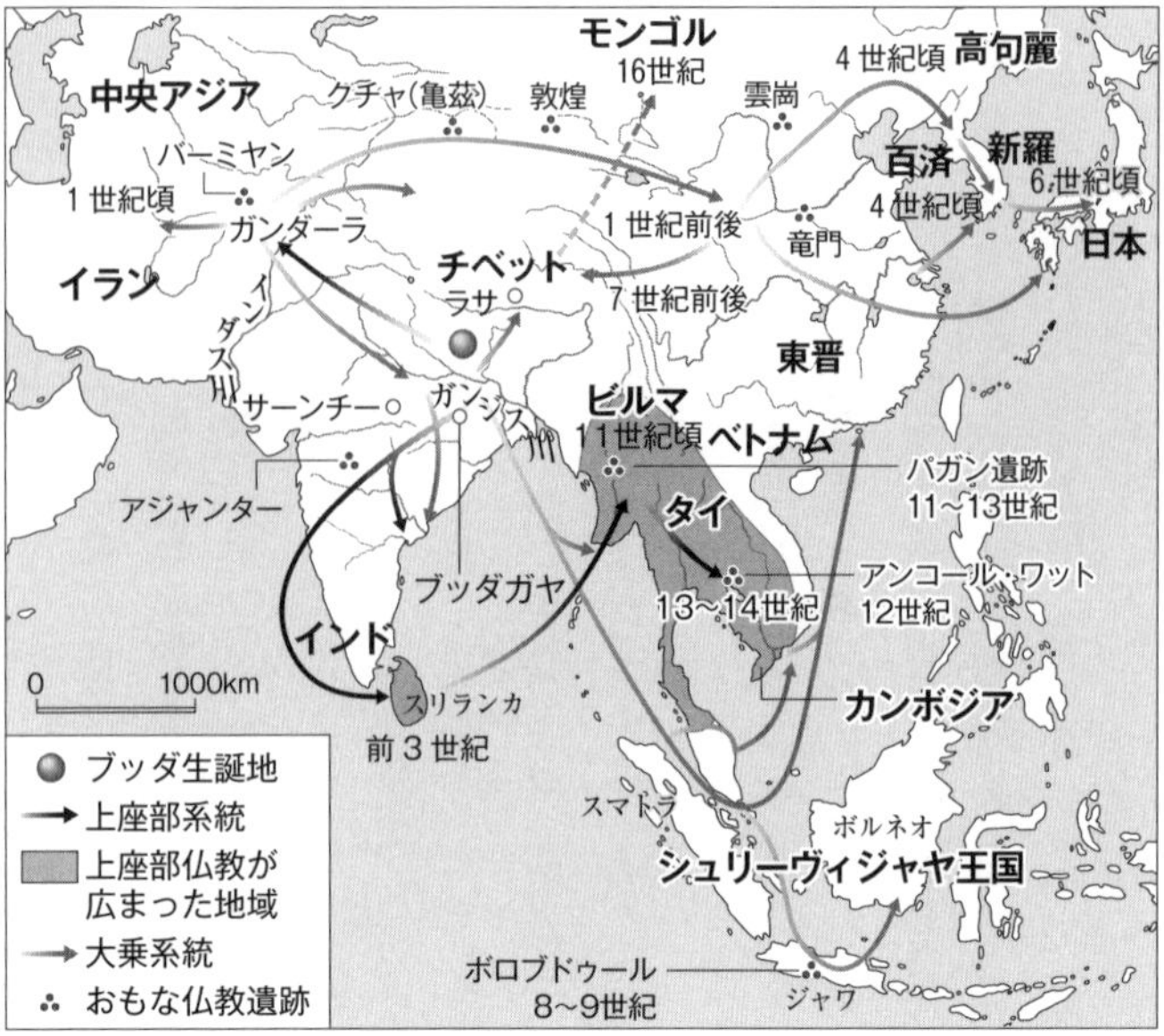

仏教の伝播

教寺院としてつくられたものであるが、のちに仏教寺院に改修され、現在も仏教寺院の遺跡として残っている。このように仏教国家が多数を占める東南アジアだが、一四世紀になると島嶼《とうしょ》部の国では、中東商人との貿易を通して伝わったイスラーム教が広まり、支配的宗教になった。

南アジアの王朝国家では、最初の統一国家マウリヤ朝（前三一七頃〜前一八〇頃）をはじめ、いくつかの国家が仏教を利用したが、その後のほとんどの有力国家はヒンドゥー教を利用した。インドにおける仏教の影響力は一説には五世紀頃にはほぼ衰退していたとされるが、その理由には、後述するようにヒンドゥー教による巻き返しが挙げられる。この結果、インドではヒンドゥー教による統治が中心となった。ただ、一三世紀初めにイスラーム教の王朝がつくられると、ヒンドゥー教にかわってイスラーム教がインドにおける支配的な宗教になった。

なお、アジアの王朝国家においては、支配者と被支配者の大多数が同じ宗教を信仰している例は少なく、その点が中世ヨーロッパの場合などとは違う、一つの特徴と言える。たとえば、インドのイスラーム王朝でイスラーム教徒の支配者が多数のヒンドゥー教徒を統治した例や、儒教が統治に利用された中国で住民の多くが道教や仏教の信徒であった例などがそのことを物語っている。そのため、アジアの王朝国家が統治のために利用した宗教としては、もっぱら支配者の側の宗教を取り上げている。

以下では、儒教、ヒンドゥー教、仏教、イスラーム教の順番で、アジアの王朝国家を支えた政治思想としての宗教の言説がどのようなものかみていく。ただ、本章が扱う時期は紀元前四〇〇年頃から一九世紀末まで、二〇〇〇年以上におよんでおり、この間に宗教の政治教説の内容が変化したものが少なくない。たとえば、儒教は、紀元前に孔子が説いた教説と、一二世紀に朱子が説いた教説(朱子学)とでは、政治社会や経済社会の変容を反映して異なった主張がみられるし(たとえば、天についての意味)、学問としてみた儒教も、それまでの経典の細かな注釈に重点を置いた訓詁《くんこ》ではなく、哲学的な思索が重んじられるようになった。しかし、本章は、それぞれの宗教が説いた教説の内容が、この間にどのように変容したのかみることが目的ではないので、王朝国家時代には一つのまとまった政治思想言説が行われた、という理解のもとでみていくことにする。

所在と主な王朝国家	主要民族	主な宗教

【東アジア】

モンゴル （匈奴帝国　突厥帝国　モンゴル帝国など）	ハルハ人 オイラート人 カザフ人など	テングリ信仰 仏教（チベット仏教）
中国（漢　唐　清など）	漢人　モンゴル人 満州人 ウィグル人 チベット人など	儒教 仏教（大乗仏教） 道教
朝鮮（新羅　高麗　李氏朝鮮など）	朝鮮人	仏教（大乗仏教）　儒教
日本	日本人	仏教（大乗仏教） 儒教　神道

【東南アジア】

インドネシア（シャイレンドラ朝　マジャパヒト王国　サムドラ・パサイ王国など）	ジャワ人　アチェ人 バリ人など	仏教（大乗仏教） ヒンドゥー教 イスラーム教
マレーシア・シンガポール（マラッカ王国など）	マレー人	イスラーム教
ベトナム（李朝　陳朝　黎朝　グエン朝など）	ベトナム（キン）人	仏教（大乗仏教） 儒教
ラオス（南詔　ラーンサーン王国）	ラオ人	仏教（上座部仏教）
カンボジア（扶南　アンコール朝など）	クメール人	仏教（上座部仏教） ヒンドゥー教
タイ（スコータイ朝　アユタヤ朝など）	タイ人	仏教（上座部仏教）
ミャンマー（パガン朝　コンバウン朝など）	ビルマ人 シャン人など	仏教（上座部仏教）

【南アジア】

インド （マウリヤ朝　グプタ朝　ムガル帝国など）	アーリヤ人 ドラヴィダ人など	ジャイナ教　仏教 ヒンドゥー教 イスラーム教
パキスタン （マウリヤ朝　クシャーナ朝　ムガル帝国など）	パンジャーブ人 パシュトゥン人	ジャイナ教　仏教 ゾロアスター教 イスラーム教
バングラデシュ（マウリヤ朝　グプタ朝　ベンガル・スルターン朝など）	ベンガル人	ジャイナ教　仏教 ヒンドゥー教 イスラーム教
ネパール（リッチャヴィ朝　ゴルカ朝など）	チェトリ人 ブラーマン人など	仏教　ヒンドゥー教
スリランカ（キャンディ王国など）	シンハラ人 タミル人など	仏教（上座部仏教） ヒンドゥー教

アジアの王朝国家の主要民族と主な宗教（筆者作成）

2 儒教とその政治思想

孔子の徳治論

中国では春秋・戦国時代（前七七〇～前二二一）に、儒家や道家など諸子百家と呼ばれたさまざまな思想集団が登場したが、そのなかで最初の統一国家となった秦は法家の思想を採用した。ただ、その後の漢で国教となり、二〇世紀初めまで中国の歴代王朝国家を支えたのは、孔子（前五五一頃～前四七九）が唱えた儒教（儒家）の思想である。正確に言えば、ここで指す儒教とは孔子が説いた教説だけではなく、孔子の教えを受けて漢、宋、明など後代の儒学者や思想家が考えたもの、説いたものも含んでおり、歴史的に多くの儒学者が説いた言説の総体のことである。儒教の思想を説いた文献は数多いが、代表作と言えるのが孔子の言説を弟子がまとめた『論語』である。ただ、一部の研究者のあいだでは、『論語』の文言は孔子の言行を正確に記したものではないこと、また、直感的で比喩的な表現が多く、断片的で論証性に欠けることが指摘されている。この問題を補って儒教の政治思想をよくあらわしているのが、一二世紀に南宋の儒学者朱子（朱熹《しゅき》、一一三〇～一二〇〇）が、『論語』とともに、儒教の「四書」に選定した、『孟子』『大学』『中庸』など、孔子以外の儒学者が説いた文献である。

さて、孔子は中国思想においてもっとも知られた人物であり、政治思想家であると同時に道徳家でもあった。人間の最高の徳目として親しい肉親を敬愛する孝を、そして人間が遵守すべき社会規範として仁(人を愛すること)と礼(社会のしきたり)を説いたからである。諸国が相争った春秋時代の混乱をみた孔子は、これを収拾するには力ではなく道徳による政治しかないと考えたのである。

特筆すべきは、孔子が政治支配者に対して、どのように国家を統治すべきかを説いたことであり、自分を政治顧問として採用してくれる君主を探し求めたことである。ただ、生存中はついにそのような君主にめぐり会うことはなかった。しかし、君主がどのように統治すべきかについてはきわめて自信ありげに雄弁で、『論語』によると、孔子は次のように説いたとされる。

［法制禁令などの小手先きの］政治で導びき、刑罰で統制していくなら、人民は法網をすりぬけて恥ずかしいとも思わないが、道徳で導びき、礼で統制していくなら、道徳的な羞恥心を持ってそのうえに正しくなる。……

壮重な態度で臨んでいけば［人民は］敬虔になります。親に孝行、下々に慈愛深くしていけば［人民は］忠実になります。善人をひきたてて才能の無い者を教えていけば［人民は］仕事にはげむようになります。(『論語』三五、四六頁)

法や刑罰による統治に異を唱え、孔子は道徳による統治の利を強調したのである。なぜ、道徳が重要だというのか。『大学』には、君主が自分の徳の充実に気をつけると、それによって民衆が自然と帰服してくること、民衆が帰服すると自然に国土が保持できること、その結果、国の財物が豊かになるという因果関係が述べてある。政治は人間の道徳的自覚に基づいて行われることで良い結果をもたらすと孔子は考えていたことがわかる。

孔子は支配と服従の関係についても言及した。どうしたら人民が支配者に服従するかを問われると、正しい人々を引き立てて邪悪な人々の上に位置づけたら人民は服従するが、邪悪な人々を引き立てて正しい人々の上に位置づけたら人民は服従しない、という主旨の答えを述べている。孔子が君主による統治において何よりも重要だと強調したことは、礼などの道徳だったのである。このことから、儒教は道徳政治(徳治主義)と言われる。

中国史研究者の貝塚茂樹によると、統治には、法治主義と徳治主義の二つがあるという。このうち法治主義は政治によって人民を教化し、法律によって人民を強制することであり、これに対して、徳治主義は道徳によって人民を教化し、礼によって人民を自然に秩序ある生活を営ませることだと説明している。

修身斉家治国平天下

道徳を重視した儒教は、自分の一身を律することが、ひいては国家を正しく統治することにつながると説いた。これを示すのが『大学』の有名な「修身斉家治国平天下」という言葉であり、その論理は次のようなものである。

ものごと［の善悪］が確かめられてこそ、はじめて知能（道徳的判断）がおしきわめられ［て明晰にな］る。知能がおしきわめられて［明晰になって］こそ、はじめて意念が誠実になる。意念が誠実になってこそ、はじめて心が正しくなる。心が正しくなってこそ、はじめて一身がよく修まる。一身がよく修まってこそ、はじめて家が和合する。家が和合してこそ、はじめて国がよく治まる。国がよく治まってこそ、はじめて世界じゅうが平安になる。（『大学・中庸』三六頁）

一身を正しく磨けば、結局は国家や世界がよく治まることになると説いたこの言説は、儒教の政治思想を端的に表現したものでもある。なぜ儒教が中国の王朝国家で統治に用いられる思想となったのか、ここにその理由が垣間みられる。一身を修めた結果にまず家の和合を挙げており、家が和合することを国が治まることの前提として説いている。ここだけをみると、家の和合がなぜ国の統治と関係するのかとも思えるが、家、つまり親子関係という上下関係と対応させて君臣のヒエラルキーを説くというくだりがここでは省略され、シンプルに因果関係のみが並べられているわけである。

中国思想研究者の森三樹三郎は次のように指摘している。「儒教は家族主義を国家管理の原理にして、いわば家父長制国家を理想にするものである。一家のうちで父の専制があるように、一国の父である君主は国民に対して善意に基づく専制政治を行うべきものと考えている。なぜなら、民衆は未成年の子どものようなもので、判断力をもたないからである。これが天子の独裁制に道徳的な根拠を与えて支配統治を合理化するのに役立った」というのがその指摘の主旨である。これは家父長制国家観と言えるもので、支配者を頂点とする政治社会の秩序を安定的に確立するにはうってつけの要素を儒教は備えていたということである。

孔子（『歴代君臣図像』より）

孔子は、君主のあるべき統治について説いている一方で、庶民（人民）についても語っている。その庶民観は、「君子（ここでは庶民より上の階級にある者を示す）には三つの畏れ（はばかり）がある。天命を畏れ、大人（立派な人物）を畏れ、聖人の言葉を畏れる。それに対し、小人（身分の低い者）は天命を知らないでわがままにふるまい、大人になれなれしく、聖人の言葉を馬鹿にする」という主旨の言葉にあらわれている。この孔子の庶民を見下した庶民観は、愚民観と呼ばれるものだが、彼が見下したのは庶民だけでなく、中国の周辺に住む民族に対してもそうだったのである。中国文明の下で育った孔子は、中国の文化は周辺民族のそれよりも優れていると確信していた。そのことを示しているのが、夷狄《いてき》、すなわち周辺の未開民族に君主がいる状態は、中国で君主がいない状態に及ばない、という主旨の言説である。孔子の目は、もっぱら中国文化と、彼の理想を社会に実現する君主に向けられていたことがわかる。

孟子の天による君主任命説

孔子と並んで儒家を代表する思想家が孟子(前三七二頃〜前二八九頃)である。孟子が生まれたのは、孔子の死から一〇〇年以上もあとの戦国時代のことで、戦乱は激しさを増していた。孟子の言説を弟子がまとめたものが『孟子』であり、そのなかには、誰が国家の支配者を任命したのかについて、孟子が弟子の万章《ばんしょう》と問答をするくだりがある。

「それならば、舜が天下を保つようになったのは、いったい誰が与えたのでしょうか。」孟子はこたえられた。「それは天が与えたのだ。」万章がいった。「天が与えるというのは、何か言葉でねんごろに話をして、ご命令になるのですか。」孟子はこたえられた。「いやいや、天はなにも物をいわれぬ。ただその人の行為とそれによって生じた事柄とによって、天はその意志をお示しになるだけだ。…堯が舜に命じて天地山川の神々を祭らせたところ、神々はいずれもこれを受け入れられて、天災時変がなかった。これは天が舜を承認された立派な証拠である。また舜に政治をとらせてみたところ、すべてうまく治まって人民は満足して泰平であった。これは人民が舜を承認した立派な証拠である。つまり天が舜に天下を与え、人民もまた舜に天下を与えたのである」。

(『孟子(下)』一四四、一四五頁)

堯《ぎょう》と舜《しゅん》は、孔子が理想にした古代の五帝時代の伝説的支配者で、この問答が、中国の王朝国家を語る際にしばしば登場する、天が君主を任命したという言説である。天の観念は、紀元前一一世紀につくられた周のときに登場したものである。中国哲学研究者の武内義雄によると、古代の中国人は人間の始祖を、天空上に在《あ》って下界を支配する帝、あるいは天と考えて、人はすべて天から生まれたと信じていたという。また、帝あるいは天は常にその子を地上に降ろして、下民を治めさせていると考えていたため、天の子、つまり天子という存在は、上帝の命を奉じて人民を導き治めるために天から降った人を意味するものとして人々に受け止められていたという。このことは、もし優れた聡明さと深い叡知を備えて自分の本性を発揮できる者があらわれたならば、天は必ずその人を人民の君主である天子に任命して、人民を統治させ、教化させることにした、と『大学』でも述べられている。

董仲舒の天人相関説

天が支配者を任命したという考え方をはじめとして、天が国家や支配者のあり方を規定しているという見方は、中国の王朝国家を支えた政治思想のキーポイントと言えるものである。その見方は、のちに天人相関説と呼ばれたが、これは前漢を代表する儒学者の董仲舒《とうちゅうじょ》(前一七六頃〜前一〇四頃)が唱えたものである。漢時代に儒教は全盛期を迎えたが、董仲舒は、天が君主を任命したというこれまでの言説を体系的にまとめて、天と天子と人との関連性について説いた。それによると、まず、天は人間世界の支配者である国王の上に立つ、天地の異変や自然災害という形であらわれる現象を思いのままに操る存在であり、人間界と自然界をこえた高みに立つ人格神的主宰者であるという。そして、君主(天子)が失政や人倫に背いた行為をすると、天が天地の異変を通じて君主に警告し、姿勢を正すことを求めるとした。しかし、それでも君主(天子)の姿勢が正されないならば、天はその君主と国家を悪なるものとみなして、善をもった別の人間を任命して新しい国家の支配者とすると説いたのである。

董仲舒(『歴代君臣図像』より)

　この言説の意味について、中国思想史研究者の溝口雄三の説明が参考になる。すなわち、「人＝社会の秩序は天＝

自然の秩序に通貫せられ」、そして「この自然社会全体を通貫する全体秩序は、さらに天意の主帝によっている」ので、地上の帝王は、自然現象を通して示される天意に従って政治を行うべきであり、さもなければ地上の王国の存在はない、という主旨の説明である。ただ、注意を要するのは、天人相関説の真意は、人間である皇帝を天の意思をも左右できる存在にすることにあり、皇帝の権限を抑制したり、交替させることが本来の趣旨ではなかったことである。皇帝のふるまい一つで天の意思をコントロールできるという考え方は、むしろ皇帝の地上における全能性を補強するものだったと言える。

これについて中国思想研究者の池田知久は、儒教の政治思想では、「生得的に上品《じょうぼん》の性を持つ聖人が天子の位に就いて、生得的に中品《ちゅうぼん》の性を持つ民衆を導いて」彼らに善を実現させることが政治支配であり、すなわち、聖人が最高神である天の意思を奉じて行う教化のことが政治であるとして、ここから天子の統治が正当化された、とみている。池田は、これは、近代ヨーロッパで唱えられた王権神授説ならぬ、「王権天授論」、あるいは「天子主体性論」と呼べるものだとしたが、これが示すことは、天から支配権を授けられた皇帝は、地上世界の何者にも制約されない、絶対的な支配者だということである。

荀子の「疑似」社会契約説

儒家の一人で、人間性悪説を唱えた荀子《じゅんし》(前二九八頃〜前二三五頃)も、積極的な政治思想言説を展開した。特筆すべきことは、多くの儒学者が天が国家をつくったと唱えたなかで、荀子は国家がつくられた理由とその起原について、いわば「疑似」社会契約説で説いたことである。「人間は官能的・物質的な欲望をもち、それを極限まで追求するので、万人の万人に対する闘争が起こり、国家と社会が混乱状態に陥った。この状態を悪とみなし、混乱に終止符を打って、人間の欲望を合理的に充足させる社会規範として、聖人がつくった『令』の理念、それに『分』の社会秩序が必要とされたのだと荀子は提唱した」という主旨のことを池田知久は言っている。これによってはじめて理想社会が実現すると荀子は考えたというのである。この言説の前半部分、とりわけ「万人の万人に対する闘争」という部分は、社会契約説でホッブズが唱えた自然状態とほとんど同じであり、「令」と「分」を説いた後半部分が儒教の主張に相当するものになる。

これとの関連で注目されるのは、荀子が支配者と被支配者の関係を次のようにみたことだった。国においては人民が何よりも貴重であり、国土がその次で、君主が一番軽い、と考えたのである。前述のように、孔子は君主を重くみて庶民(人民)を軽視したが、これに対して荀子は、国にとって重要なのは人民、国土、君主の順番であり、もし君主が任務を適切に果たさない場合は、変えてもよいとしたのである。荀子の、人民は支配者を変える権利を持っている、という言説は、社会契約説の精神に通じるものがあると言える。

なお、ここでも注意を要するのは、支配者の交替について言及しているとはいえ、それは本来あるべき統治の道を踏み外した支配者を交替させることにあり、支配と被支配の関係そのものを否定するものではなかったことである。すなわち、支配者の交替や革命の意味は、それによって新しい支配者を擁立することにとどまり、新支配者が、既存の支配と被支配の関係の枠組みのなかで、期待された統治を行うことにあったのである。

儒教の古代崇拝

儒教の政治思想としての特徴の一つは、君主の統治において、何よりもいにしえを貴ぶことにあった。孟子はその理由について、自分がもっているものは、すべて古の聖王の成法であり、これこそもっとも尊くもっとも誇るべき宝であるからだ、という主旨のことを述べている。孔子が、春秋時代の前時代で栄えた周を理想化したことは有名だが、南宋を代表する儒学者の朱子は、なぜ孔子が周を理想化して、それにならうことを説いたのか、その理由を次のようにみている。

周王朝も衰退期になると、聖人賢者の君はあらわれず、学校についての政務もおろそかになり、教化はすたれて風俗もだめになった。時あたかも孔子のような聖人がでたのであるが、天子の位について君主としての政治と師としての教化とを行なうことはできなかった。そこで、［孔子は］やむを得ず古代の聖王の法則を取りあげてそれを口頭で説明して伝え、後世の人びとに知らせる

ことにした。(『大学・中庸』八九〜九〇頁)

これが示すことは、孔子を始祖とする儒教の道徳政治(徳知主義)は、古代に行われたとされる君主の統治を理想化して、現在の君主のあるべき姿を説いたものだったということである。孔子が祖先礼拝を重視する姿勢は、天地を祭る郊社《こうしゃ》の祭礼と、天子の先祖を祭る禘嘗《ていしょう》の祭礼の意義が十分に理解できたならば、国を治めることなどは掌の上でものをみるようにやさしいことである、と考えたことにもみられる。また、自分が重視するのは人民と食糧と喪と祭り、と孔子は述べており、ここに儒教の宗教的側面がよくあらわれている。儒教の政治思想では、祭式による祖先崇拝と君主の統治が緊密につながっていたのである。

とはいえ、無神論的な性格をもった儒教は、宗教というよりも、君主の統治における心構えを説いた政治思想、あるいは政治道徳論とみられることが多く、森三樹三郎は、儒教は宗教ではなく、道徳の教えであり政治の教えである、とまで言い切っている。宗教と呼べるものではない理由の一つは、他ならぬ孔子の生死観にあった。仏教、イスラーム教、キリスト教など世界の代表的な宗教が人間の生死、とりわけ死後の世界も説いているなかで、孔子は、自分は生もわからないのに、どうして死がわかろうか、と述べている。孔子にとっては、死後の世界よりも現実の世界、すなわち君主の統治にもっぱら関心があったということであろう。

道家と墨家の統治論

孔子が生きた春秋・戦国時代は、諸子百家の時代と呼ばれたように、儒家とは異なる統治論を説いた思想家も数多く登場して、国家や政治について論じている。そのなかで、政治思想について独特の考え方を提示した道家と墨家《ぼっか》についても少し触れておきたい。

まず、道家について取り上げる。道家の代表的な思想家で、人為を排して自然の道を尊重することを唱えた老子（生没年不詳）は、君主の統治のあり方について、次のように説いた。

> 学問を修める者は日々にいろいろな知識が増えていくが、道を修める者は日々にいろいろな欲望が減っていく。欲望を減らし、さらに減らして、何事も為さないところまで行きつく。何事も為さないでいて、しかもすべてのことを為している。天下を統治するには、いつでも何事も為さないようにする。なにか事を構えるのは、天下を統治するには不十分である。……
> 人民が飢えるのは、その上に立つ者が税を多く取りたてるからである。そういうわけで飢える。人民が治まらないのは、その上に立つ者が余計な政策を行なうからである。そういうわけで治まらない。（『老子』二二〇、三三七頁）

この禅問答のような言説のなかで老子が言っている道とは、自然と人間からなる世界（万物）を存在させ、また変化させる根源的な主宰者、すなわち、天の道のことである。人間は天の道によって存在し、変化する万物の一つでしかなく、主体性をもたないもの、と説いたのであった。森三樹三郎は、老子が説いた無為自然は、人為のはからいを捨て、必然の運命のままに従うことだとみている。無為自然を善しとする統治のあり方は、無為の治と呼ばれ、儒家が説いた道徳政治とは全く違う政治思想であった。この考え方の背景には、老子が太古のままの素朴な農村の生き方を理想としたということがあった。これは見方によっては、第二章でみる、ガンディーがインドの伝統的村落を民主主義政治の基盤として考えたことに通底するものでもある。老子の思想と、それから長い年月を経た異国のガンディーの思想とのあいだに、ある種の共通点を見出せることは興味深い。

次に、墨家について取り上げる。すべての人を差別することなく愛する「兼愛」を思想のキーワードとした墨子（前四八〇頃〜前三九〇頃）が中心的な思想家である。彼は、君主のあるべき統治原理について、以下のように説いている。天下の乱はすべて、自分ばかりを愛して他人を愛さず、他人の利を欠いて自分の利とすることから生じるものである、そのため、天下のすべての人々に、自分を愛するように他人を愛し、自分を利するように他人を利するようにさせたならば、天下の乱はすべて解消されるはずである、よって兼愛こそが天下を治める道である、というのである。中国哲学研究者の武内義雄によると、墨子が強調した兼愛は、老子の無為と同様に、墨子が天の意思であると考えたものだったという。

ここで注目したいのは、誰がどのような理由で支配者を任命したのかについて、墨子が次のように説いたということである。

人々がかってな正義を持って、世界じゅうがこのように乱れた理由を考えてみると、それは政治の指導者のいないことに原因がある。そこで、世界じゅうの人々の中からすぐれた適当な人を選び出して、立てて天子とした。しかし、天子が立てられても一人の能力ではじゅうぶんではない。そこで、さらに世界じゅうの人々の中からすぐれた適当な人を選び出し、任命して三公の位につけた。天子と三公とがすでに立てられたが、世界は広大であって、風土の違った遠い国々の民衆のことや、善悪利害の区別のことなどは、簡単にははっきり知ることはできない。そこで、世界じゅうを多くの国に区分して、そこに諸侯や国君を立てた。諸侯や国君がすでに立てられたが、彼らの能力ではまだじゅうぶんではない。そこで、さらにその国の人々の中からすぐれた適当な人を選び出し、任命して政治の指導者としたのである。（『墨子』三五〜三六頁）

墨子は、誰が支配者を任命したのかについては明言していない。天や神が選んだのか、あるいは人民が選んだのかはわからないが、ともかく天子を立てることをはじめに挙げている。また、世界にはどのような国があるのかにも言及していないが、世界を統治するために、天子―三公―諸公・国君―政治指導者がそれぞれ選ばれたとしており、壮大な世界国家論、指導者論と言えるものである。墨子が自覚していたかどうか定かではないが、この言説を素直に読むと、世界には中国以外の国があることを知っていたように思え、中国が世界の国の一つにすぎないことを認識していたとも言える。中国が世界の頂点に位置しているとして、中国以外の国を見下していた古代中国にも、対等な視点で世界の国々に目を向けていた思想家がいたという点は面白い。

3　ヒンドゥー教とその政治思想

ヴェーダを軸にした古代インドの思想

ヒンドゥー教と、次にみる仏教の政治思想言説を検討する前に、古代インドの宗教と思想状況を簡単にみておきたい。インドの支配民族となったアーリヤ人はバラモン教を信仰し、神々への賛歌『リグ・ヴェーダ』を聖典にした。その成立年については諸説あるが、紀元前一二〇〇頃～紀元前五〇〇年頃に作成・編纂されたという説が有力で、『論語』よりもはるかに古い。アーリヤ人が、インド西部のパンジャーブ地方を拠点に活動した時期は前期ヴェーダ時代(前一五〇〇頃~前一〇〇〇頃)、インド東部のガンジス川中流域に移動して、ここを拠点に活動した時期は後期ヴェーダ時代(前一〇〇〇~前五〇〇頃)と呼ばれる。後期ヴェーダ時代に成立したバラモン教は、いわばアーリヤ人の民族宗教と言えるもので、その本質は、祭式を行って神々に供物をささげ、それによって神の恩寵を期待することにあり、祭式の執行において重要な役割を果たすのが、司祭階級のバラモンである。バラモン教の呼称はここに由来するが、注目すべきは、後期ヴェーダ時代にアーリヤ人の部族国家がつくられて、王権概念が生まれたことだった。これがインドにおける国家と王権の起源だが、アーリヤ人はいくつもの部族が分立していて諸々の国々が並存状態にあり、統一国家と呼べるものはなかった。

しかし、紀元前五〇〇~一二〇〇年の約七〇〇年間に、反ヴェーダ思想、すなわち、バラモン教は独善的であるという批判が起こり、仏教やジャイナ教などが誕生して、一時期、仏教が盛んになった。仏教などが台頭した社会的背景には、祭祀を司るバラモンと、政治を担うクシャトリヤが支配的階級だった宗教観のなかで、新たに台頭した商工業者や庶民などの勢力が新しい思想を求めたということが挙げられる。これに対してバラモン教が巻き返しをはかり、祭式至上主義から転換して、インドの土着民間信仰を取り入れて成立したのが、農村の農民に基盤を置いたヒンドゥー教だったのである。

この経緯が示すように、ヒンドゥー教は、ヴェーダを聖典にするバラモン教の教理を基礎にして、インドの民衆が信仰する諸々の神々を取り込んで三世紀頃に成立した宗教である。これは、ユダヤ教とキリスト教の関係にも似ているが、バラモン教が、いわば社会エリート層の宗教であるのに対して、ヒンドゥー教は民衆宗教と呼べるものである。このことから、ヒンドゥー教は階級宗教であるバラモン教の大衆版とも言われる。インド古代思想史では、バラモン教とヒンドゥー教が正統思想、仏教やジャイナ教などが非正統思想と呼ばれるが、これ以外にもさまざまな宗教があったことから、この時代の思想状況は、数多いことを意味する「六十二見」と呼ばれた。これは、中国の諸子百家に相当するものであり、両者がほぼ同じ時期であったことは興味深い。なお、前述のように、バラモン教とヒンドゥー教は厳密に言えば違うものであるが、政治思想に焦点を置いてシンプルに考えていくために、以下ではバラモン教も含めてヒンドゥー教と呼ぶこととする。

ヒンドゥー教の世界創造説

アーリヤ人が信仰したヴェーダにおいて、三三いるとされる神々は、それぞれ風、太陽、火、月などの自然現象を神格化したものであるとされた。また、最高神をもたないこと、神々のあいだに上下の別がないことなどを特徴とした。これを受けて、ヒンドゥー教も諸々の自然神を信仰する多神教となり、偶像崇拝を特徴にする。上下の別がないとはいえ、ヒンドゥー教の神々のなかでは、創造神ブラフマー、維持神ヴィシュヌ、破壊神シヴァの三神が広く崇拝を集めている。オランダの古代インド思想研究者ヤン・ゴンダは、古代インド人の世界観の特徴として、事物や抽象概念と人格的存在、精神と物質、生物と無生物のあいだをほとんど区別しないこと、それに、無生物や人間が自らつくり出したものにまで固有の意思・思惟《しゆい》・個性を付与することを挙げており、このようなインド人の思惟様式は科学以前というよりも、非科学的、即物的で直截《ちょくせつ》だとみている。これは、ヒンドゥー教の特徴について語ったものとも言える。

ただ、注目すべきことは、儒教と違い、ヒンドゥー教が独自の世界創造説をもっていることである。これを示すのが、人類の始祖マヌが述べたとされる説話を、紀元前二〇〇〜二〇〇年頃にまとめた『マヌ法典』である。同書は、日常生活におけるバラモンの規範、それに人々の社会規範や国王の職務などに関する伝承を体系的にまとめたものであり、宇宙、すなわち世界がどのようにしてつくられたのかについて、次のように言っている。

一　太初において宇宙は実に水であった。水波のみであった。水は欲した、われいかにして繁殖し得るかと。水は努力した。水は苦行して熱力を発した。水が苦行をして熱力を発したとき、「黄金の卵」が生じた。…一年のあいだこの黄金の卵は浮動していた。二　一年ののちそれから男子が生まれた。プラジャー・パティがすなわちこれである。…彼はこの黄金の卵を割った。そのとき実に何らの安定所がなかった。この黄金の卵だけが彼を支えて一年のあいだ浮動していた。三　一年ののちに彼は語ろうと試みた。彼はブールといった。それはこの地となった。彼はブヴァスといった。それはこの空間となった。彼はスヴァルといった。それはかの天となった。（早島・高崎・原・前田『インド思想史』一九頁）

プラジャーとは生き物、パティは主の意味で、「造物主」をあらわす。太古の時代にまず水があり、そこから黄金の卵が生じ、卵から造物主プラジャー・パティが出現して、自ら割った卵につかまって一年のあいだ浮動したのちに万有を生起させて、地と空間と天からなる世界をつくったとするこの説は、旧約聖書の天地創造に匹敵するものであり、ヒンドゥー教が壮大な世界観を持っていることがわかる。

カースト制度

何よりも、ヒンドゥー教は、バラモン（司祭）、クシャトリヤ（王族・武士）、ヴァイシャ（農民・牧畜民・商人）、シュードラ（奴隷）の四つの身分からなる厳格な身分制度で知られているが、これらの身分に属さないアウト・カーストもいるので、実際には五つの身分からなる。カースト制度が誕生したのは後期ヴェーダ時代のことであり、『リグ・ヴェーダ』にその誕生の経緯が語られている。その内容は、神々が諸世界の繁栄のために、千頭・千眼・千足をもつ原人プルシャを犠牲として祭式を行ったとき、プルシャの口、腕、腿、足から、それぞれバラモン、クシャトリヤ、ヴァイシャ、シュードラが生まれた、というものである。バラモン教の人間観では、人間は臍《へそ》より上に行くほど清浄だとみなされていた。バラモンはプルシャの身体の最上部から最初に生まれた存在であり、さらにはヴェーダの保持者であるがゆえに、この世界の王であるとみなされたのである。

注目すべきは、この身分制度がヒンドゥー教国家における支配者の統治において重要な役割を果たしたことである。身分制社会では、成員が身分の違いを自然なことであると受け止め、それぞれが自分の身分に与えられた仕事に励むことが要求される。支配者には、この身分秩序を維持する役割が期待され、その役割を全うすることはそのまま自らの支配の安定につながった。その際、人間とはみなされないアウト・カーストの存在は、カースト制度の中ほどに位置するヴァイシャとシュードラに、自分たちより下等の存在の人間がいるという、ある種の優越感をもたせる効果があったという。身分意識は、上位カーストだけでなく、中位カーストにも浸透していたことがわかる。

ヒンドゥー教の国家論

インドでは、王権やそれにまつわる世俗の活動について、ほとんどの宗教が、最大の目的である解《げ》脱《だつ》(輪《りん》廻《ね》からの解放)の妨げになると考えていたが、宗教が社会のなかに浸透するにしたがって、政治との距離を置くことが難しくなった。古代インド史研究者の山崎元一によると、古代インド人は、国家を特別な威厳をもった王を頂点に置いて、都市や地方の住民を抱え、四囲の隣国と境を接する一定の領土をもち、国庫によって維持される官僚機構と軍隊によって支えられた有機的な一大組織とみていたという。これは近代の国家に対する感覚に似ていなくもない。注目したいのは、宗教的書物である『マヌ法典』が政治の世界についても言及していることである。なぜ国家がつくられたのか、どのようにして国王が登場したのか、国王の資質はどのようなものか、などについて次のように述べている。

この世界が王を欠いて、至るところで恐怖のために混乱に陥ったとき、主はこのいっさいの守護のために王を創造したからである。［主は］インドラ、風神、ヤマ、太陽神、火神、ヴァルナ、月神、富の主から永遠の要素を取り出して［創造した］。王はそれらの神々の中の王たちの要素から創られたことによって、生類のいっさいを威力によって圧倒する。…彼は［その］権力のゆえに火神であり、風神である。彼は太陽神であり月神である。彼は正義（ダルマ）の王［ヤマ］である。彼は［富の主］クベーラであり、彼はヴァルナであり、そして彼は偉大なインドラである。

（『マヌ法典』二二四、二二五頁）

幼少な王であっても、人間であると［考えて］軽蔑してはならない。彼は人間の姿をした偉大な神格だからである。（山崎元一『古代インドの王権と宗教』二二三頁）

これは、人間社会の混乱を救うために、神が国王をつくったと説いたものであり、国王は諸々の自然現象をモデルにした神に擬《ぎ》せられて、神格化が行われたのである。ただ、国王が神格化されたとはいえ、超越的で絶対的な存在ではなかったことには留意が必要である。具体的には、自ら法をつくる者ではなく、既存の法を保護し、それに従って政治を行う者とみなされていた(ただ非常時には例外が認められた)。ここで言う法は、ヤン・ゴンダによると、自然や人間の営みを含めた世界のすべてが、常に基準として従っているような太古からの規範、あるいは永遠の法則のことである。たとえば、国王が法であるダルマ(その意味は単なる「法」というよりも、社会的宗教的な理法、義務、正義、規範などを含んだ、「正しい生き方」の意味に近い)を放棄すると雨が降らなくなるとされた。ダルマが犯されると神は人々を滅ぼし、ダルマが守られれば神は人々を守る。何らかの異変・日蝕・子を産まない牝牛や双生児の誕生などは、ダルマが犯された結果であるとみなされたのである。このダルマはヒンドゥー教に固有な理念ではなく、仏教など、インドの古代思想を貫く理念でもある。

この点でみれば、インドでは「法による支配」が行われていたことになるが、国王の統治と自然災害などとの関連が、儒教の天人相関説とほとんど同じであることは興味深い。中国とインドでは政治・社会・風土の違い、儒教とヒンドゥー教の宗教教義の違いなどがあるにもかかわらず、支配者の統治における天と自然災害との関連についてはほとんど同じ見方となったのである。このことは、古代においては、自然が人智をこえた存在として受け止められていたことを物語っている。

クシャーナ朝における支配者の神格化

中央アジアから西北インドまで支配領域を広げたクシャーナ朝(一〜三世紀)は、当初ゾロアスター教を信仰したが、西北インドへ本拠地を移すに従ってヒンドゥー教などインドの宗教も信仰するようになった。カニシカ王(在位一三〇頃〜一七〇頃)のときに全盛を誇って東西貿易で繁栄し、また仏教を保護してインドの要素とギリシアの要素が融合したガンダーラ美術が発達した国でもあった。同国で注目されることは、ゾロアスター教徒のカニシカ王の即位を記録した碑文が、次のように記していることである。

偉大な救済者であるクシャーナ［族］のカニシュカ、公正かつ正義の、［また］神として崇拝に値する帝王［カニシュカ］は、王権をナナ女神から、またすべての神々から授けられた。［そのカニシュカは］神々が嘉するように、［即位に始まる紀元］一年を新たに始めた。彼は［はじめ］ギリシア語の勅令を発し、その後にそれをアーリヤ語に改めた。［紀元］一年にその［勅令］はインドに向けて、［すなわち］クシャトリヤの［支配する］全領土に向けて発せられた。(『世界史史料　第二巻』二二〇頁)

サマルカンド
敦煌
バクトリア
鄯善
バクトラ(バルフ)
ソグディアナ
バーミヤン
パミール高原
ホータン(于闐)
パルティア
カーブル
プルシャプラ
(ペシャワール)
ガンダーラ美術
栄える
カシミール
ヒマラヤ山脈
チベット高原
インダス川
クシャーナ朝
マトゥラー
カナウジ
パータリプトラ
アジャンター
プラティシュターナ
ガンジス川
サータヴァーハナ朝
アラビア海
チョーラ朝
ベンガル湾
パーンディヤ朝
スリランカ
0 500km
クシャーナ朝の領域(2世紀中ごろ)
サータヴァーハナ朝の最大領域
主要交易路

2世紀中ごろの南アジア

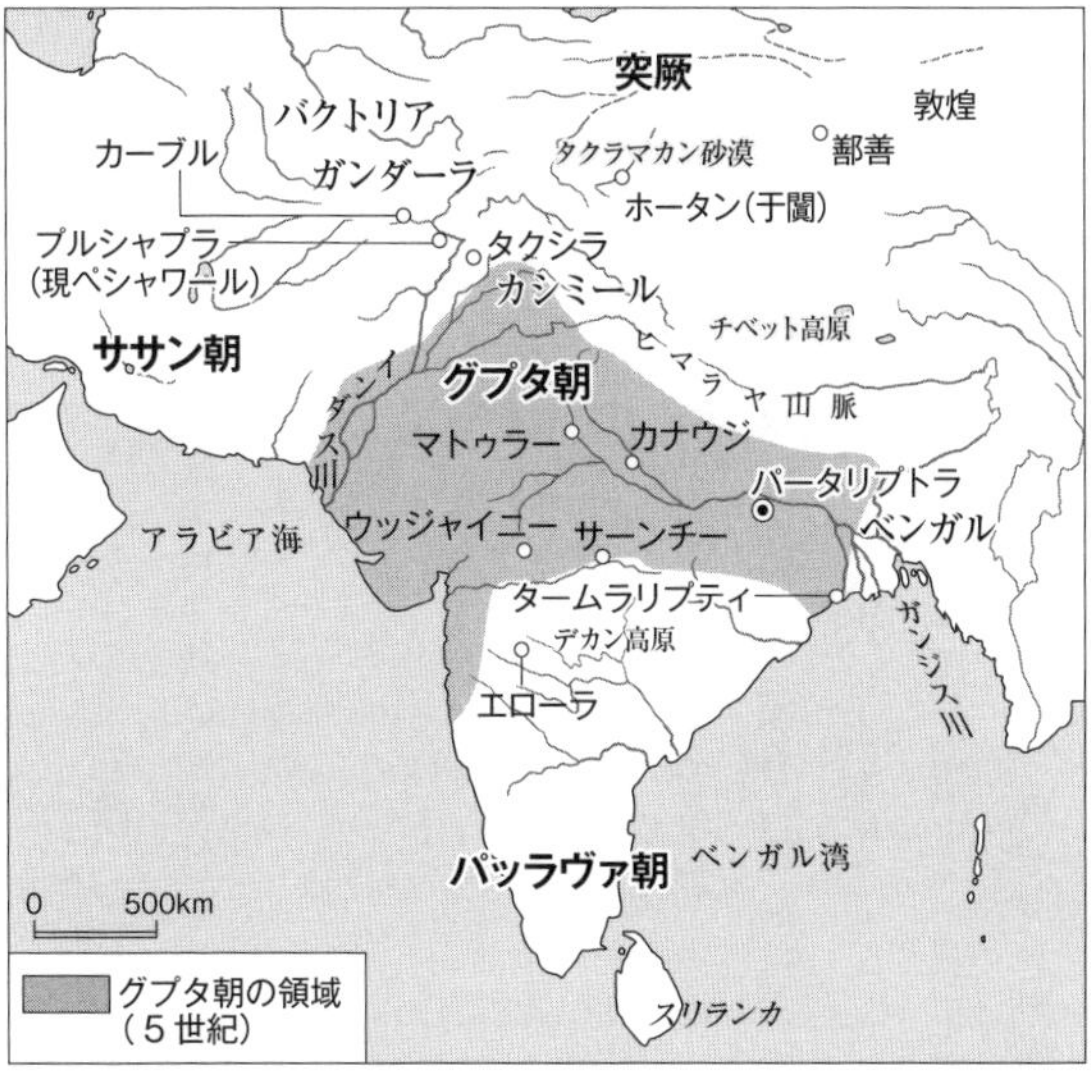
突厥
敦煌
バクトリア
カーブル
ガンダーラ
タクラマカン砂漠
鄯善
ホータン(于闐)
プルシャプラ
(現ペシャワール)
タクシラ
カシミール
チベット高原
ササン朝
ヒマラヤ山脈
グプタ朝
インダス川
マトゥラー
カナウジ
パータリプトラ
アラビア海
ウッジャイニー
サーンチー
ベンガル
タームラリプティ
デカン高原
ガンジス川
エローラ
パッラヴァ朝
ベンガル湾
0 500km
グプタ朝の領域
(5世紀)
スリランカ

5世紀のグプタ朝

ゾロアスター教、ヒンドゥー教、仏教と、複数の宗教の影響を受けたクシャーナ朝は、ギリシア語とアーリヤ語を使用するなど、東西の文化が融合した国だったが、支配者は王権の正当性をヒンドゥー教などの神に求め、自らも神格化したのである。

国王が統治に際してまもるべき事柄

インドにおけるヒンドゥー教国家の頂点とも言えるのがグプタ朝(三二〇頃〜五五〇頃)である。このときにヒンドゥー教が定着して国教になり、バラモンの日常語であったサンスクリット語が公用語とされた。政治的安定と経済的繁栄を得て、インド古典文化の黄金期を迎えたのである。

政治思想としてのヒンドゥー教の特徴の一つは、道徳を説いた儒教と違い、支配者の統治において刑罰の重要性を説いたことにある。『マヌ法典』によると、刑罰はすべの人民を支配するとされる。また、賢者は刑罰がダルマ(ここでは「正義」の意味合いが強い)であると知っていること、真実を吟味して刑罰が正しく保持されるとき、すべての人民が幸せになること、逆に真実を吟味せずに刑罰が用いられたときはすべてを滅亡させること、全世界は刑罰によって統制されること、といった内容が語られている。確かにこれは、儒教が説いた道徳政治の内容とは違う。

一方で、『マヌ法典』は、人民に対する国王の心構えについても触れており、次のように説いた。

国王は大地のように平等であるべきで、生類に対してダンディン(閻魔)のようにダンダ(刑罰、武力)を行使すべきである、プラジャー・パティ(造物主)自身のように、国民に好意をかけるべきであり、いっさいの生類に対する慈悲が最高のダルマである、それゆえ、国王は慈悲により哀れな人をまもるべきであり、国王は自分の幸福を求めて哀れな人を苦しめてはならない、哀れな人は、苦しめられれば恨んで国王を殺すからである、という内容がそうである。これは、統治において刑罰を用いることを奨励しながらも、人民に慈悲をかけることを説いたものであり、儒教と同様に、ヒンドゥー教も支配者に人民に対する善政を敷くよう説いたことがわかる。また、悪政を行う国王からは天運が離れ、天災や人災が起こって国が衰退し、人民反乱が起こる、そして国王は破滅して地獄に落ちる、としたことも儒教とほとんど同じである。

ヒンドゥー教において興味深いことは、国王が統治の晩年において採るべき行動について示されていることである。罰金、あるいは統治によってもたらされたすべての財産をバラモンに与え、王国を息子に引き渡したのち、戦闘においてあの世に旅立つことが正しい生き方である、というのである。これは、四世紀頃に現在のかたちにまとめられた一大叙事詩の『マハーバーラタ』(「偉大なるバラタ族」の意)のなかにある挿話で、ヒンドゥー教の聖典とも言われる、宗教的・哲学的教訓詩の『バガヴァッド・ギーター』(「神の歌」の意)で述べられたものである。なぜ戦場での死が国王にとって正しい生き方だというのだろうか。その理由は、多くの国王の帰属身分であるクシャトリヤにとって、病床での死は不名誉であり、戦場での死こそが最高の名誉と功徳をもたらすものだとされたことにあった。義務に基づく戦いに勝るものは他にないと考えられていたのである。ヒンドゥー教において戦場での死が支配者の最高の栄誉であるとみなされたことは、このあとでみる、聖戦での死を讃《たた》えたイスラーム教の思想と通じるものがある。

ラージプート諸国における国王の神格化

八世紀頃になると、インド中西部を中心に、クシャトリヤの血統であることを唱えた国王が統治するヒンドゥー教国家が登場した。それらはラージプート諸国と呼ばれ、この時期のヒンドゥー教国家を代表する勢力となり、八〜一三世紀はラージプート時代と呼ばれた(こののち、イスラーム教国家が登場する)。これらの国々もまた、国王の統治を神との関連で正当化した。

九世紀につくられた、あるラージプート国家の創始者であるデーヴァ・ナーガバタは、三界の守護者の地位を得て、いにしえの賢人ナーラーヤナ仙の像のように不思議な姿であらわれると、善行を阻害するムレッチャの王の強大な軍隊を、輝く恐るべき武器(飛び道具)で飾られた四本の腕をもって打ち破ったとされている。このように、国王が神のような超人的な存在として表現され、称賛されているのである。ムレッチャとは、古代インド人がヒンドゥー教のカースト秩序がおよばない、周辺地域の異民族を指した言葉で、中国の漢人が周辺の異民族を夷狄《いてき》と呼んだのと同じようなものである。ここで挙げた逸話は、時代が変わってもヒンドゥー教国家の支配者は神格化されることで正当性を保っていたこと、中国と同様にインドでも周辺の異民族を見下していたことを物語っている。

ヒンドゥー教におけるバラモンの役割とその変容

ヒンドゥー教（とりわけバラモン教）で注目すべきことは、宗教的権威であるバラモンが国王の統治に対して果たした役割である。バラモン教において最高位に位置するバラモンは、人民にダルマを伝授する自分たちは国王に勝る神性をもった者であり、神→バラモン→国王という序列であると唱えた。ヒンドゥー教の聖典が、国王はバラモンを除くすべての者を支配すると述べている点も、これを裏づけるものである。バラモンは特別な儀式によって王権の正当性を保証し、呪術の力によって王国に繁栄をもたらす存在であるとされ、国王の上に立つ彼らは、祭式の報酬と布施を主な収入源としていた。

ただ、バラモンが自らを神と人間を結ぶ仲介者であると位置づけて、神との関わりで自分たちの存在を権威づけたとはいえ、それは仏教の僧侶やキリスト教の聖職者に相当するものではなかった。ヤン・ゴンダによると、バラモンは自らの任務をもっぱら祭式を主宰することにあると考え、自らを祭式の智識を受け継いで祭式の方法を規定する資格をもった者と考えていたという。すなわち、バラモンは自分たちを、祭祀宗教の練達者、かつ知的指導者と考えていたわけで、これはアニミズムを信仰した時代の巫女《みこ》に相当するものと言える。中国で孔子が、支配者に統治の心得を説く「政治顧問」を目指したのに対して、バラモンは、宗教によって支配者を権威づける「神官」の役割を果たすものだったのである。

「神官」としての役割を果たすことによって、バラモンは国王に勝る存在となっていたが、これは祭式を執り行って豊饒な農業生産を祈願する古代社会の慣習が背景にあり、このような社会では祭式を司るバラモンは、政治社会の秩序を維持する支配者(クシャトリヤが多かった)よりも上だとみなされたのである。宗教的権威のバラモンが、世俗的権威のクシャトリヤを指導する関係は、中世ヨーロッパのキリスト教国家で一時、教会(ローマ教皇)が世俗の支配者(皇帝)を指導したときの関係に類似しているとも言えるかもしれないが、ともあれ、このような社会では、世俗の支配者が中国のように専制を行う余地はほとんどなかった。

しかしその後、国王(クシャトリヤ)に対するバラモンの優越的地位は、しだいに変容していった。当初は、宗教的権威のバラモンが世俗的権力者の国王を指導するものだったが、ラージプート国家の頃になると、バラモンの宗教的権威とクシャトリヤの世俗的権力の相互依存関係が強まっていったからである。この変容の背景には、時代の経過とともにインド社会で農業生産力が高まり、神官の役割を担うバラモンよりも、外敵から国をまもり、社会秩序を維持し、灌漑《かんがい》管理などを通じて農業生産を高めることに直接に関わった国王の影響力の方が強まったことがあったのではないかと思われる。この結果、ラージプート国家では、バラモンとクシャトリヤの二つの階級は相互に補完し合いながら統治を行ったのである。そして、インドがイギリスの植民地になると、ヒンドゥー教と国家・政治との関わりは終わりを迎えるが、イギリス植民地時代、そこから独立した現代でも、インド民衆のヒンドゥー教信仰はいささかも揺らいでいない。

東南アジアのヒンドゥー教国家

一世紀頃に、東南アジアの大陸部を流れる大河のメコン川下流域につくられた扶南《ふなん》は、東南アジアでもっとも早い時期に登場した国家の一つであり、現地の女王と、インドから貿易船でやって来たバラモンが結婚してつくられた、という建国神話がある。そして、四世紀頃にインドとの貿易が本格化すると、貿易船には商人だけでなく、仏僧やバラモンが乗船していたことから、サンスクリット語、インド神話、王権思想、それにヒンドゥー教や仏教などが伝わったのである。東南アジア史研究者のアンソニー・リードは、その経緯と理由を次のようにみている。

インドの商人たちは神像や経典、儀礼の専門家をともなって東南アジアに来航しており、彼らにとって神々は商売に不可欠な信用の基盤としてきわめて重要であった。…東南アジアの商人や港市支配者たちは、これらのインド商人にならい、宇宙のもつ力と天の制裁を我が物とするために、新しい文字を神々の言葉として取り入れたのだった。（アンソニー・リード『世界史のなか

の東南アジア(上)』三一〜三二頁)

ここからわかることは、東南アジアの国家の支配者は、インドの宗教を自らの威信を高めることや権威づけに利用したということである。ここでは、ヒンドゥー教を利用して統治を正当化した国家の例を、二つ挙げておく。

東南アジア史において唯一、帝国と呼ばれ、東南アジア大陸部に住む多くの異民族を支配下に入れた、カンボジアのアンコール朝は、その一つである。王都アンコールは、インド的世界観における宇宙の中心のメール山とみなされ、創始者ジャヤヴァルマン二世の即位を伝える碑文は、サンスクリット語と古クメール語で書かれている。サンスクリット語は国王をデヴァラージャ(神々の王)、古クメール語はカムラテン・ジャガット・タ・ラージャ(守護精霊の王のなかの王)、と呼んだ。ここでは、カンボジア土着の精霊信仰とインドから伝来したヒンドゥー教思想を組み合わせ、王権の神格化が行われている。そして、王都の巨大な宗教建造物であるアンコール・ワットは、当初はヒンドゥー教寺院としてつくられ、のちに仏教寺院になったが、国王の偉大さを演出する目的でつくられたものだった。寺院の建物の側面には数多くの女神が、回廊にはヒンドゥー教神話の「ラーマーヤナ」に登場する場面の絵が描かれており、これらはインドの宗教物語を借りた国王の権威づけである。

インドネシアのジャワ島に建国されたマジャパヒト王国(一二九三〜一五二〇年頃)も、ヒンドゥー

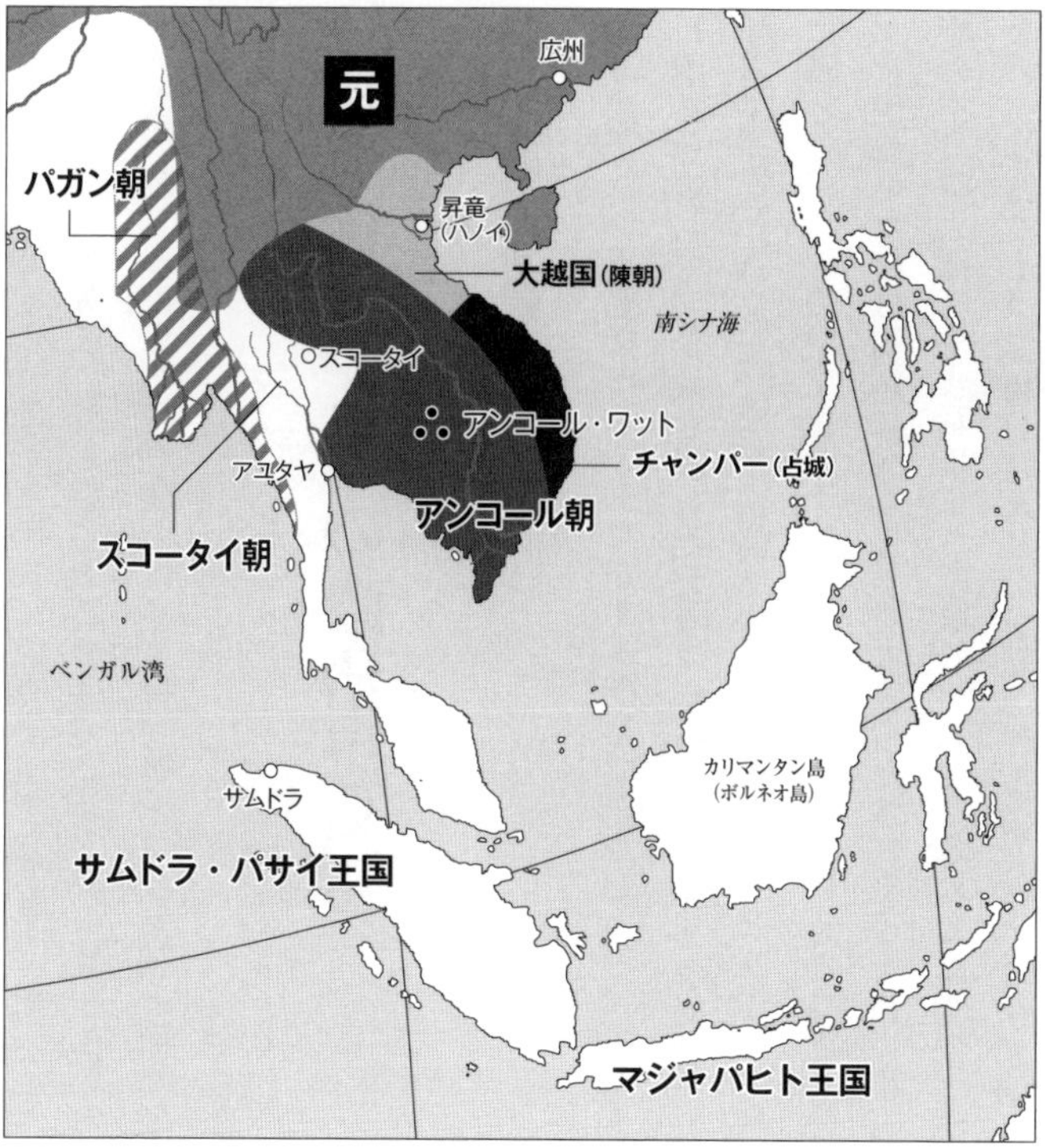
元
広州
パガン朝
昇竜
(ハノイ)
大越国(陳朝)
南シナ海
スコータイ
アンコール・ワット
チャンパー(占城)
アユタヤ
アンコール朝
スコータイ朝
ベンガル湾
カリマンタン島
(ボルネオ島)
サムドラ
サムドラ・パサイ王国
マジャパヒト王国

13世紀の東南アジア

教を統治に利用した国家の一つで、宮廷詩人は国王を、ヒンドゥー教のシヴァ神とブッダの聖性を兼ね備えた存在であると讃えた。ここでは、ヒンドゥー教と仏教の神が並存しているが、インドから伝わった宗教で支配者を正当化した点では、アンコール朝と同様である。

4　仏教とその政治思想

ブッダの人間観と政治観

古代インド思想をヴェーダ思想が支配していたなかで、この正統思想に挑戦したのが、紀元前六世紀頃に登場して、仏教を説いたガウタマ・シッダールタ(前五六三頃〜前四八三頃。以下、ブッダと呼ぶ)である。ブッダは、小規模な共和政体をとるシャーキャ族の王族に生まれ、クシャトリヤ身分に属して、バラモン文化の下で育ったが、人間が生きることの意義について思い悩み、また、バラモン教が説いた身分制に反発して、二九歳のときに妻子を捨て出家して瞑想生活に入った。そして、瞑想の末に、人間は生まれによって賤《いや》しい人となるのではない、生まれによってバラモンとなるのではない、行為によって賤しい人ともなり、行為によってバラモンともなる、と悟るに至ったのである。

ブッダがこのような意識をもった背景には、世の中は行為によって成り立ち、人々は行為によって成り立つ、生きとし生ける者は業《ごう》(行為)に束縛されている、という人間世界観があった。ブッダの死後につくられた仏教教団は、基本的にカースト制度を容認したが、ブッダがクシャトリヤの身分だったことから、四つの身分のなかでクシャトリヤを第一の身分にしたという。

支配者の政治道徳について多くを語った儒教と違い、仏教には政治に関する言説はさほど多くないが、ブッダも孔子と同様に数多くの弟子をもち、彼らによってブッダが説いた教義だけでなく、政治思想と呼べるものもまとめられているので、それをもとに仏教の政治思想をみることにする。興味深いのは、なぜ国家がつくられたのか、ということについても言及している点で、仏教でも「疑似」社会契約説と言えるものが唱えられたことだった。

人間は原初の時代に無欲・平和であったが、彼らの間にやがて欲望が生じ、そのために人間社会は混乱に陥った。そこで人々は彼らの中から最も勝れた者を選び、その人物に王権(懲罰権)を与え、租税と引き換えに生命・財産を保護してもらうことにした。この人類最初の王は「人々の合意によって選出された者」を意味するマハーサンマタと呼ばれ、また「農地の主」を意味するクシャトリヤ、「法によって他人を喜ばす者」を意味するラージャーと呼ばれた。(山崎元一『古代インドの王権と宗教』一七〇~一七一頁)

これは、儒教が唱えた天が支配者を任命したという説とは対照的であり、仏教は人々が社会の混乱から生命や財産をまもるために、国王を必要として選んだとみたのである。別の観点から言えば、儒教は天が支配者を任命し、ヒンドゥー教は国王を神であるとしたが、仏教は国王の神格化を否定したわけで、これが、「疑似」社会契約説と呼べるゆえんでもある。

このように、ブッダは国王は神ではなく人間のうちで最上の者であると説いた。ブッダが弟子と交わした問答をみてみたい。弟子の一人セーラが、かつてシャーキャ族の王子だったブッダに対し、「あなたは輪転王（世界を支配する帝王）となって、戦車兵の王となり、四方を征服し、ジャンブ州（全インド）の支配者となるべきです。クシャトリヤ（ここでは王侯たちの意）や地方の王たちは、あなたに忠誠を誓うでしょう。王のなかの王として、統治をなさってください」と熱く要望した。これに対してブッダは、「セーラよ、わたしは王ではありますが、無上の真理の王です。真理によって輪をまわすのです。誰も反転し得ない輪を」という主旨のことを答えたのである。この問答は、君主の政治顧問になることを望んだ孔子と違い、ブッダが宗教の世界に生きることを望んだ純粋な宗教人だったことを物語っている。

インドの「マキァヴェリ」と呼ばれたカウティリヤ

それでは、仏教国家において支配者は、どのように統治すべきであると考えられたのだろうか。これを教えてくれるのが、インド最初の統一国家マウリヤ朝である。創始者チャンドラグプタ（在位前三一七〜前二九六頃）は、統治に宗教を利用することはなかったようだが、同国の絶頂期となった第三代国王アショーカ(在位前二六八頃〜前二三二頃)が仏教に帰依《きえ》し、これに依拠して統治したからである。

アショーカの統治に至る前段として、当初のマウリヤ朝の政治思想がどのようなものであったのかをみておきたい。そこで重要な人物が、初代国王チャンドラグプタを補佐して統治術を説いた、バラモン出身の宰相カウティリヤ(生没年不詳)である。彼が説いた言説をまとめたものが『実利論(アルタ・シャーストラ)』であり、これはカウティリヤ自身が著したものとする説もあれば、二〜三世紀頃になってから当時の政治論者の手でまとめられたものとする説もある。そして、『実利論』のうち、統治に関する記述を抜き出して、カーマンダキ(生没年不詳)が、九〜一二世紀の頃にまとめたのが『ニーティサーラ』である。『実利論』が注目されるのは、カウティリヤが説いた統治論が、目的のためならば手段を選ばない権謀術数を駆使した内容からなることにあり、彼には「インドで最初の政治思想家」「インド古代史上最高の戦略家」などの称号が与えられている。それだけでなく、近代イタリアに登場して、国王にそれまでのキリスト教の道徳規範に制約されずに統治することを説いたマキァヴェリに比せられることも多い。マキァヴェリは、君主に権力を獲得して維持する統治術を説いたが、カウティリヤも同じだからである。

カウティリヤが活躍した頃のマウリヤ朝はまだ仏教を信奉する前であるため、『実利論』と『ニーティサーラ』は、仏教の政治思想と呼べるものではないが、ヒンドゥー教の聖典『ヴェーダ』が説いた教説を、それは心の迷いであるとして批判しており、ヒンドゥー教とは違う思想と捉えることができる。ヒンドゥー教は国王の統治原理としてダルマ(法)を据えることを説いたが、注目すべきはカウティリヤはそのダルマの上にアルタ(実利)を置いたことである。

このことが示すように、「君主は国家である」と説いたカウティリヤの言説は、現実生活における物質的利益を追求することに主眼が置かれ、覇権を担う国王に対し、統治に際しての心得、領土の獲得と保全など、さまざまな帝王学を教示している。ヤン・ゴンダが、カウティリヤの基本姿勢は、王権にとって何が有用か、何が無用かを問い質すことにあったとみているように、カウティリヤは功利主義的立場から、国王は臣下の権利をできる限り規制すべきであることを説き、他方、いかに自分のために多くの権利を引き出すかということを説いた。これまで重視されていたダルマ(正しい生き方)の上にアルタ(実利)が置かれたが、これは、古代インド政治における道徳から功利への転換でもあったと言える。この背景には、人間は所詮、強者の権利に従って生きるものだというカウティリヤの冷めた人間観があった。

カウティリヤが説いた国王の任務

カウティリヤも、なぜ国家がつくられたのかという点に関しては「疑似」社会契約説に類似したものを唱えた。人間社会は放任状態に置かれたならば弱肉強食の混乱に陥り、これは大魚が小魚を食うという法則に支配された状態であるとした。国王の権力はこうした状態に終止符を打ち、人間社会に秩序と平安をもたらすために与えられたものだと言う。国王の任務は、その力をもって人民を保護し、社会秩序を維持することにある、としている点は、ヒンドゥー教とほとんど同じである。ただ、誰が国王を任命したのかについては、人民だとしたり、最高神によるものだとしたり、さらには、国王は神々の機能を果たす神の代理人であるとしたりするなど、一定していない。これは、カウティリヤには誰が国王を任命したのかという問題に、さほど関心がなかったためだと思われる。

カウティリヤは、国家を構成する要素についても言及した。王国は、君主、大臣、地方(国土)、城砦《じょうさい》(都市)、国庫、軍隊、友邦の、相互に協力し合う七つの要素からなり、どの一つが欠けてもうまく存立しない。上位の要素になるほど重要度が増すというのである。この序列では、君主が最上位に位置していることから、これは君主主権論とみなすことができる。カウティリヤの言説の核心は国王の統治論にあり、国王の存在意義と役割については次のように説いた。

正しく導く王がいないなら、国民は混乱する。……王は国民を守護する。国民は王を繁栄させる。繁栄よりも守護の方が大切である。守護がなければ繁栄もなきに等しい。……それ故、王は法(ダルマ)を前提として、実利(アルタ)のために努力すべきである。王国は法により繁栄する。王国の美味なる果実は繁栄である。……

ダンダとは抑制であると言われる。それは王に依存するから、王がダンダである。その政策が政治学(ダンダ・ニーティ)である。……

王はこのすべてを正常に運営する者である。彼がいなければ、義務(法)は滅び、それがない時は、世界が滅びる。……

以上のように、二つの世界(現世と来世)を維持してから、王は自己を制御し、ダンディン(閻魔)のように、国民に対して王杖(刑罰、実力行使)を執るべきである。……王のダンダは適切に(規定に従って)用いられれば、速やかに三目的(法、実利、享楽)を発展させる。(カーマンダキ『ニーティサーラ』、一四、一五、二五、二八頁)

ここで展開されている統治論は、非道徳的行為でも、それが実際に効果をもったならば良いとしたマキァヴェリの言説に通底するものであり、カルティィリヤの功利主義思想がよくあらわれている。カルティィリヤはまた、国王はすべての美質を欠いていても、威光をもっていれば国王に値する。獣たちが獅子をおそれるように、敵は威光を備えた者をおそれるからであるとも述べている。こうした考え方は、儒教の政治思想にも、ヒンドゥー教の政治思想にもみられない、全く異質なものである。

カウティリヤにとっての人民

国王の統治論に最大の関心があったカウティリヤだが、人民についても目を向けた。孔子が愚民観の持ち主だったことは上述したが、カウティリヤは次のように言っている。国庫、軍隊、林産物、賦《ふ》役《えき》、黄金、布地、穀物、乗物(馬、象)など、国家にとって大切な多くの財物が国民から生じる。それゆえ国民は経済(実業)を成立させる。そして経済は実に世間の人々に依存することから、国民が災禍に陥った場合は何事も成就しない、と。カウティリヤは、国家経済の基礎は人民にあるとみたのである。この立場から、人民を大切に扱う重要性を説いており、国王の幸福は人民の幸福のなかにあり、国王の利益は人民の利益のなかにある。したがって、人民に好ましいことは国王にとっても利益であるといったことを述べている。支配者に教化されるべき愚民として人民を捉えていた孔子とは対照的である。

また、カウティリヤは国家の害になるものとして、次の事柄を挙げた。まず、国王の災禍(悪徳)として、言葉の暴力、肉体的暴力、財産の侵害、飲酒、女、狩猟、賭博を、そして、国土(地方)の災禍として、過度の雨、旱魃《かんばつ》、鼠《ねずみ》、蝗《いなご》、不正な税、不正な刑罰、敵軍、盗賊、王や軍や寵臣による着服、疫病の苦しみ、家畜の病気を挙げた。このうち、国王の悪徳として挙げたものをみると、儒教と同様に国王が道徳心をもつことにも関心をもっていたことがわかる。ともあれ、国王の立場に立って功利主義的な統治を説いたカウティリヤの統治論は、人民を含む国家のさまざまな事柄におよぶものだったのである。

アショーカの仏教帰依とその統治

チャンドラグプタの孫にあたる第三代国王のアショーカは、仏教に帰依する前は暴虐の限りを尽くし、人々から恐れられたという。父王の後継をめぐって兄弟と争い、即位後は侵略戦争に明け暮れて、マウリヤ朝の支配領域を最大のものとした。

そのアショーカが仏教に帰依する契機になったと言われているのが、領土拡大のために行った、インド東部のカリンガ国(?〜前二五九)への征服戦争である。大量殺戮の残酷さと悲惨に気づいた彼は過ちを反省し、これ以降、仏教徒になった。仏教に帰依したアショーカは、同時に、あらゆる宗教に寛容な態度を採って平等に扱い、自分を神々に愛された者と称して、統治の基本に、ヒンドゥー教と同様にダルマを据えた。ここで言うダルマは、万人が守るべき社会道徳のようなもので、父母に対する従順、友人・知人・親族に対する敬愛、バラモンや年配者に対する尊敬、奴隷や貧者に対する思いやり、不殺生などのことであり、儒教が説いた道徳政治に似ている側面もみられる。ヒンドゥー教ではヴェーダの聖典がダルマの拠りどころであるのに対して、仏教ではブッダの教えがダルマの拠りどころとなる。

このダルマに基づいて政治を行ったアショーカは、井戸の整備や道路の建設、治療院をつくるなど、人民の生活水準を向上させるさまざまな施策にも取り組んだ。人民の利益を重要視する考え方はカウティリヤの思想にも見られるが、カウティリヤがあくまでも経済基盤の確立という実利的視点で人民を大切に扱うというスタンスだったのに対して、仏教帰依後のアショーカの統治は、全てのものは互いにつながっているという仏教の「縁起」の考え方をもとに、生きとし生けるもの全てを大切に扱うこと自体を是としていた点が大きく違っている。カウティリヤによって一旦は功利に転換された古代インド政治は、仏教思想によって再び道徳に重きを置くスタイルに戻ったとも言える。ただ、どのようにして人民に利をもたらすかという点については、それまで実施されてきたカウティリヤの実利的な方法論が大いに参考になったのではないかと想像される。

なお、アショーカは仏教の普及にも努め、インド世界の外に仏教が広まるきっかけを作ったが、インドにおける仏教は、マウリヤ朝、とりわけアショーカ時代が絶頂期で、その後、マウリヤ朝の衰退とともに衰退に向かった。

朝鮮と日本の仏教国家

仏教は東アジアにも伝わった。中国には一世紀頃に伝わり、遊牧民族の鮮卑《せんぴ》が建てた北魏《ほくぎ》(三八六～五三四)が国教にしたが、ここでは独特の仏教受容を行った朝鮮と日本の例をみることにする。

朝鮮には四世紀頃に中国経由で仏教が伝来し、新羅《しんら》(四世紀半ば～九三五)とその後の高麗《こうらい》(九一八～一三九二)が国教にした。とりわけ新羅は六世紀前半に仏教を公認し、仏教的な名称をもった国王が登場するなど、朝鮮における仏教国家の代表になった。七世紀後半から約一〇〇年間に仏教がもっとも盛んとなり、仏教を信仰することで国が守られるという護国仏教という考え方が広められた。そして、新羅に取ってかわった高麗も護国仏教の考え方を取り入れた。一五世紀に書かれた同国の史書には、創設者の国王が述べたとされる「朕、不徳を以て大業［王位］を守り獲たるは、蓋し仏教の邦家を安寧するに依る」という言葉が書き記されている。これは、仏教のおかげで自分は国をつくれたと国王が感謝をあらわしたものである。

支配者が仏教に強く感化されたのは、同時代の日本でも同様だった。日本へは六世紀中頃に朝鮮半島経由で仏教が伝来したとされる。七四三年に聖武《しょうむ》天皇は、仏教は国の護りであるとして、大仏造立《ぞうりゅう》を宣言し、次のように述べた。

ここに天平十五年、…菩薩の大願を発して、盧舎那仏の金銅像一体をお造りすることとする。国中の銅を尽くして像を鋳造し、大きな山を削って仏堂を構築し、広く仏法を全宇宙にひろめ、これを朕の智識（仏に協力する者）としよう。そして最後には朕も衆生も皆同じように仏の功徳を蒙り、共に仏道の悟りを開く境地に至ろう。天下の富を所持する者は朕である。天下の権勢を所持する者も朕である。この富と権勢をもってこの尊像を造るのは、ことは成りやすいが、その願いを成就することは難しい。（『続日本紀（中）』二二頁）

この宣言からは、聖武天皇が自分の権勢と仏教を重ね合わせて統治を正当化しようとしたことがうかがえる。このように国家、支配者、仏教の三者が一体となった政治思想が東アジアではみて取れるが、東南アジアにもこれと似た特徴を示した例があった。

タイの国王と仏教

東南アジアには、一一世紀頃にスリランカ経由で現在のかたちの仏教（上座部仏教《じょうざぶ》）が伝わった。その後、一七～一八世紀のタイとミャンマーでは、王権の第一の目的は仏教の教えに根ざしたダルマ（法）を実現させることにあるとされ、国王は仏教寺院の建設に財を注ぎ、仏教学者を庇護した。ここではタイをみることにする。

タイの国家と仏教の関わりは、タイで最初につくられたスコータイ朝(一二四〇頃〜一四三八)の第三代国王ラーマカムヘン(在位一二七九頃〜一二九九)が、仏教を国教にしたことから始まった。ラーマカムヘンの偉業を称えた碑文は、同王をポー・クン、すなわち父王と呼び、困窮する人民の声に耳を傾けて、争いごとを公平に裁く温情主義的な国王だったと讃えた。スコータイ朝では、仏教徒の国王は国の父、人民はその子とみられ、仏教を介して国王と人民が温情的関係にあったのである。

タイではその後、国王は国の父であると同時に、神ともみなされた。そのことを物語るのが、スコータイ朝の後継国アユタヤ朝(一三五一〜一七六七)でつくられたとみられる王室典範《てんぱん》である。この王室典範では、アユタヤ朝の第九代国王のトライローカナート(在位一四四八〜八八)を、現人神《あらひとがみ》とみなし、国王は神が人間に姿を変えた存在であり、神の権化であるとしたからである。それだけでなく、国王は菩薩であるとも、インドラ神、風神、太陽神などインドの神々の力をあわせもった存在であるとも称えた。これはタイが、東南アジアの他の国と同様に、仏教だけでなくヒンドゥー教の影響を受けた結果でもある。強大な力や能力をもった偉大な神の権化である国王に背く行為、命令に服さない行為は、神に対する冒瀆《ぼうとく》とみなされた。これは近代ヨーロッパの王権神授説と同じである。

ただ、国王は神であるというタイの王権思想は、一九世紀後半に変容を余儀なくされた。一九世紀後半に国王に就いたチュラロンコン(在位一八六八〜一九一〇)が、タイに進出する西欧勢力に対抗することを目的に、西欧にならった近代化であるチャクリー改革を断行した際に、国王を神ではなく、慈父という像に変えたからである。これは近代西欧思想の影響を受けた結果でもあったが、同時に、スコータイ朝への「先祖帰り」でもあった。現在、タイは立憲君主制を採っているが、憲法で国王は仏教徒と定めている。詳しくは第三章でみるが、現代もタイでは国家と国王、そして仏教は密接な関係にある。

5 イスラーム教とその政治思想

イスラーム教の特徴

イスラーム教は、アラビア半島の商人ムハンマド(五七〇頃〜六三二)が、七世紀初めにアッラーの啓示を受けて誕生した宗教で、インドや東南アジアなどにも伝播して定着したものである。イスラームとは「絶対帰依」を意味し、その聖典は、天使ガブリエルを通じてムハンマドに啓示されたアッラーの言葉を、ムハンマドの死後にアラビア語でまとめた『コーラン』である。イスラーム教は、またたくまにユーラシア大陸各地に広まったが、その要因は通俗的に言われている「コーランか、剣か」という武力による強制ではなく、「アッラー以外に神はなく、ムハンマドは神の使徒である」という信条を受け入れたならば、民族に関係なく誰でも信徒になれるという入信形態にあった。これは、ヒンドゥー教徒を父にもつ子だけがヒンドゥー教徒になれるという入信形態とは対照的である。このことが示すように、イスラーム教の特徴は、それまでの有力宗教が強調した民族や血縁の絆を否定して、すべてのムスリム(信徒)は同胞であり、一つの共同体(ウンマ)を形成すると説いたことにある(ただし、これは多数派のスンナ派の見方で、少数派のシーア派は違った見方を唱えている)。実際に、インドでイスラーム教国家が誕生すると、カースト制度の桎梏《しっこく》に呻吟《しんぎん》していたヒンドゥー教徒の一部の集団入信が起こった。

政教一致のイスラーム教国家

イスラームの教えを国家原理とするのがイスラーム教国家である。七世紀前半にムハンマド率いる最初の信徒集団がメディナに誕生すると、それはたちまちのうちに中東全域に広がり、その後、アフリカ北部、ヨーロッパ南部、中央アジア、インド、東南アジアの一部地域にもイスラーム教国家がつくられた。これまでみてきた宗教と比べてイスラーム教の特異性、あるいはユニークさと言えるものは、国家と宗教の緊密な関係にある。この点について南アジア史研究者の荒松雄は、そもそもイスラーム教の成立過程で宗教と政治は密接な関係にあり、イスラーム教国家が広まる過程でも、いささかの矛盾もなしに、政教一致が貫かれたとみている。事実、イスラーム教の政治思想では、イスラーム教の理念を実現するために国家があるとされている。これはなぜなのか。イスラーム研究者の小杉泰によると、イスラーム教が人間の精神的なあり方を説いただけでなく、それを社会的に実現するための法も含んでいること、そして、法を実施するには、国家を必要とすること、社会秩序を維持するには権力も必要とすること、さらには、領土を防衛し、国内で法の実施を保障する軍事力が必要であること、などが理由だという。

要するにイスラーム教は、小杉泰が言うように、「現実的な力の必要性が宗教理念の中に最初から含み込まれている」わけで、これが国家との関連からする他の宗教との最大の違いとして挙げられる。このように、イスラーム教はどの宗教にもまして国家との関わりが強いが、実際に『コーラン』は、天の王国も地の王国もともにアッラーのもの、アッラーはいっさいをなす権能をもち給《たま》うとして、全能の神アッラーを称え、イスラーム教国家はアッラーのものとしている。この当然の結果として、ムハンマド(政治支配者)は使徒、すなわち、ただの人間であって神や天使ではないと、神性が否定されたのである。

イスラーム教の戦争観

歴史上のあらゆる時代のあらゆる国家に該当するが、イスラーム教国家においても、征服や領土獲得を目的にした戦争が絶えなかった。ただ、イスラーム教国家における戦争の特異性は、それが聖戦とみなされたことにあった。その理由は『コーラン』が、「彼らを殺したのは汝らではない、アッラーが殺し給うたのだ、射殺したのはお前でも、実はお前が射殺したのではない、アッラーが射殺し給うたのだ」と説いたことにある。

それにしても、なぜ、戦闘における殺戮《さつりく》が神の名で称えられたのだろうか。荒松雄は、その理由を次のようにみている。

異民族・異教徒をイスラムに改宗させ、アッラーの支配する世界を拡大していくための戦争や政治的行為は、すべて絶対者たるアッラーが嘉し給うこととされた。そのことは、〈聖戦〉という、ムスリム征服者や聖戦士たちが掲げたスローガンに最もよくあらわれている。それが〈聖戦〉である限りは、王や戦士は、戦うこと、あるいは征服し、支配し、統治することが、そのまま、神に対して忠実に帰依する証となった。(荒松雄『ヒンドゥー教とイスラム教』八八頁)

世界各地におけるイスラーム教の普及過程では、非ムスリムが自発的に受容するというケースが少なくなかったが、イスラーム政治思想では、信徒を獲得するための戦闘と征服行為は、神の御心であるとして正当化されたのである。これはヒンドゥー教が、クシャトリヤである国王の義務は正義のために戦うことにあり、そのための殺戮は罪にならないこと、宗教的功徳《くどく》をもたらすものであること、それゆえ、国王は戦場で死ぬことが最大の栄誉であると説いたことに通じるものでもある。

イブン・ハルドゥーンのイスラーム王権論

イスラーム政治思想をもっとも体系的論理的に説いたのが、イブン・ハルドゥーン(一三三二～一四〇六)である。ハルドゥーンは、一四世紀に北アフリカのチュニスに生まれ、北アフリカやイベリア半島のイスラーム教国家に仕え、政治家として活躍したが、四三歳のときに隠遁《いんとん》し、エジプトのカイロで研究生活に入ったイスラーム学者で、歴史家・思想家でもある。生涯にいくつか著作を残したが、代表作は一三七五～七七年に書いた『イバルの書』の序論と第一部にあたる『歴史序説』である。以下では、同書をもとにハルドゥーンが説いたイスラーム政治思想の要点をみることにする。

ハルドゥーンの政治思想の核心は、カウティリヤと同様に王権論、すなわち、支配権力論にあるが、議論の重点の置き方に本質的とも言える違いがある。ハルドゥーンは、国家、王権、人民について、イスラーム学者のマスウーディー(八九六～九五六)の見方を紹介して、「王権の力は宗教法、神への服従、神の命令と禁止の遵守を通じてのみ実現する」こと、「宗教法は王権があってこそ存在する」こと、「強力な王権は人々によってのみ成就される」こと、「人々は財産によってのみ存続する」こと、「財産への唯一の道は耕作を通してのみ得られる」こと、「耕作への唯一の道は正義を通してのみ得られる」こと、「正義は人間のあいだに設けられた秤である」ことを示し、そして、「その秤の監督者こそが神に任命された支配者である」と述べている。

要するに、ハルドゥーンの統治論は、カウティリヤのように実利ではなく、神（アッラー）が究極の拠りどころなのである。また、王権を通じてイスラーム教の理念が実現されることで人民の安寧が達成されるとハルドゥーンが説いたことは、ヒンドゥー教が説いた王権論や人民観にも類似しているが、留意すべきは、他のどの宗教よりも神の存在が強調されている点である。

国家と王権の起原

ハルドゥーンは、なぜ国家と支配者が登場したのかについても言及して、国家の起原を次のように説いた。

人類に社会的結合が成立し、世界に文明が確立してくると、人間も動物的な性質から互いの確執や権利侵害を行なうことがあるので、抑制力を行使して、敵対する者同士を引き離す者が必要となる。この場合、野獣の攻撃から人間を防禦するために作られた武器は、すべての人間がそうした武器を所有しているので、人間同士の闘争を防ぐには十分でない。そこで、お互いの争いを防ぐ武器以外の何かが必要となる。それは、人間以外のものから得られることはない。…したがってこの抑制力を行使する者は、人間のうちから得られねばならないし、他の人々に対する優越性と支配権と強力な権力を持つ者でなければならない。そうすれば、誰も他人を攻撃できなくなるであろう。これがすなわち王権というものの意味である。…王権こそ人間にとって特有の本性的なものであり、これなしには過ごされない。(イブン・ハルドゥーン『歴史序説(一)』一三八〜一三九頁)

確執や権利確保などを原因とする人間同士の争いを防ぎ、秩序を維持するために国家がつくり出されて、支配者に強大な権限が与えられたという見方は、一見すると、「疑似」社会契約説に類似しているように思える。しかし、社会契約説が人間社会の未開状態において、万人の万人に対する争いが起こるとみたのに対し、ハルドゥーンは文明社会になったことを原因として争いが起こるとみたので、争いが起こる社会の発展段階に違いがある。また、ハルドゥーンは、争いを防ぐために人民が支配者を必要として、つくり出したとも言っていない。それどころか別の箇所で、王権の権威は神によって課せられたものであり、一人の人間を通じて啓示された宗教法によってのみ存在すると明言しているように、アッラーがムハンマドを通じて支配者をつくったとしたのである。

イスラーム教国家の場合、王権は人々によってのみ成就されるとしつつも支配者の権威づけは神に依拠しており、社会契約説的な要素は限定的だと言える。ただ、近代ヨーロッパで社会契約説が唱えられる前に、イスラーム教の社会や仏教の社会で社会契約説的な考え方がすでに唱えられていたことは注目に値するだろう。それぞれ全く違った政治社会であったにもかかわらず、国家のつくられ方に関してある程度共通した見方がなされたということである。天や神が支配者を任命したとする見方をしない場合、人間の生存本能と理性に国家と支配者の起原を求めるという見方が合理的なのであろう。

国王と人民の関係

ハルドゥーンは、支配者と人民の関係にも触れて、「王権や主権は、主権者と人民との結びつきのあり方、すなわち両者の相互関係から生ずるものである。主権者が意味をもつのは、人民を支配して彼らに関する諸事万端を処理するときである。そのために、主権者がもつ属性は人民との相関的な関係から『支配権』と呼ばれる。そして、良き支配とは、人民に対して親切であることと人民をまもってやることである。国王が人民をまもってやるときにこそ、それが真の意味の王権なのである」という主旨の言説を説いた。

これは、ハルドゥーンが支配者に対して人民をやさしく保護すべきことを説いたものであり、儒教やヒンドゥー教が、支配者が人民を手厚く保護することを説いたことと同じである。この点は結局、支配者がどの宗教を利用したのかに関係なく、時代や場所をこえて共通する、統治に際してのもっとも重要な「支配者の任務」と言えるのではないだろうか。

ムガル帝国の政治思想

一三世紀初め以降、インドに数多く登場したイスラーム教国家のなかで、インドのほぼ全域を支配下に入れて全盛期を現出したのがムガル帝国(一五二六〜一八五八)である。同国の創始者バーブル(一四八三〜一五三〇)は、中央アジアにあった、ティムール朝(一三七〇〜一五〇七)のフェルガナで生まれ、父の急死により一二歳でフェルガナの王位を継承して政治キャリアを始めた。バーブルは即位に際して、至高なる神アッラーの御恵み、かの宇宙の主たる預言者ムハンマド、ムハンマドの後継者である四名の清浄なる友によって、自分は支配者になれたと感謝した。このことはイスラーム教国家の支配者は神の下にあったことを示している。

また、ムガル帝国が最盛期を誇った頃、第三代皇帝アクバル(在位一五五六〜一六〇五)が皇帝権について次のように述べている。

> 皇帝権は神からの賜物であって、何千という重要な諸条件が一人の人物に集まってくるまでは、この偉大なる贈り物が神の宮廷から授けられることはない。血筋の純粋さや、財産の集積、民衆の結集は、この名誉ある地位にとって十分なものではない。賢者たちに明らかなのは、その崇高なる資質のいくつかが高邁な洞察力や、気高い慈愛心、大きな度量、強い忍耐力、優れた理解力、

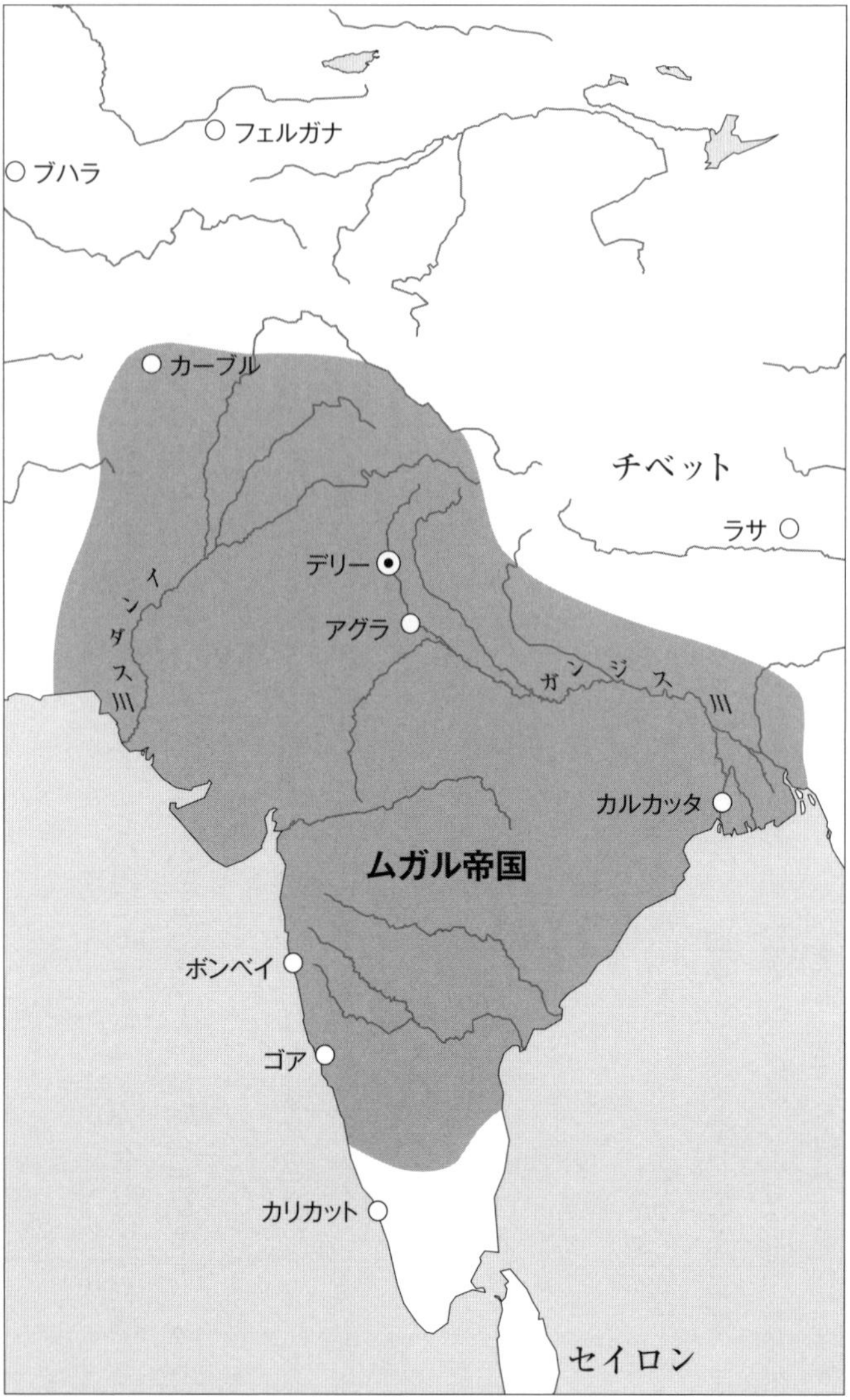
フェルガナ
ブハラ
カーブル
チベット
ラサ
デリー
アグラ
インダス川
ガンジス川
カルカッタ
ムガル帝国
ボンベイ
ゴア
カリカット
セイロン

17世紀のムガル帝国

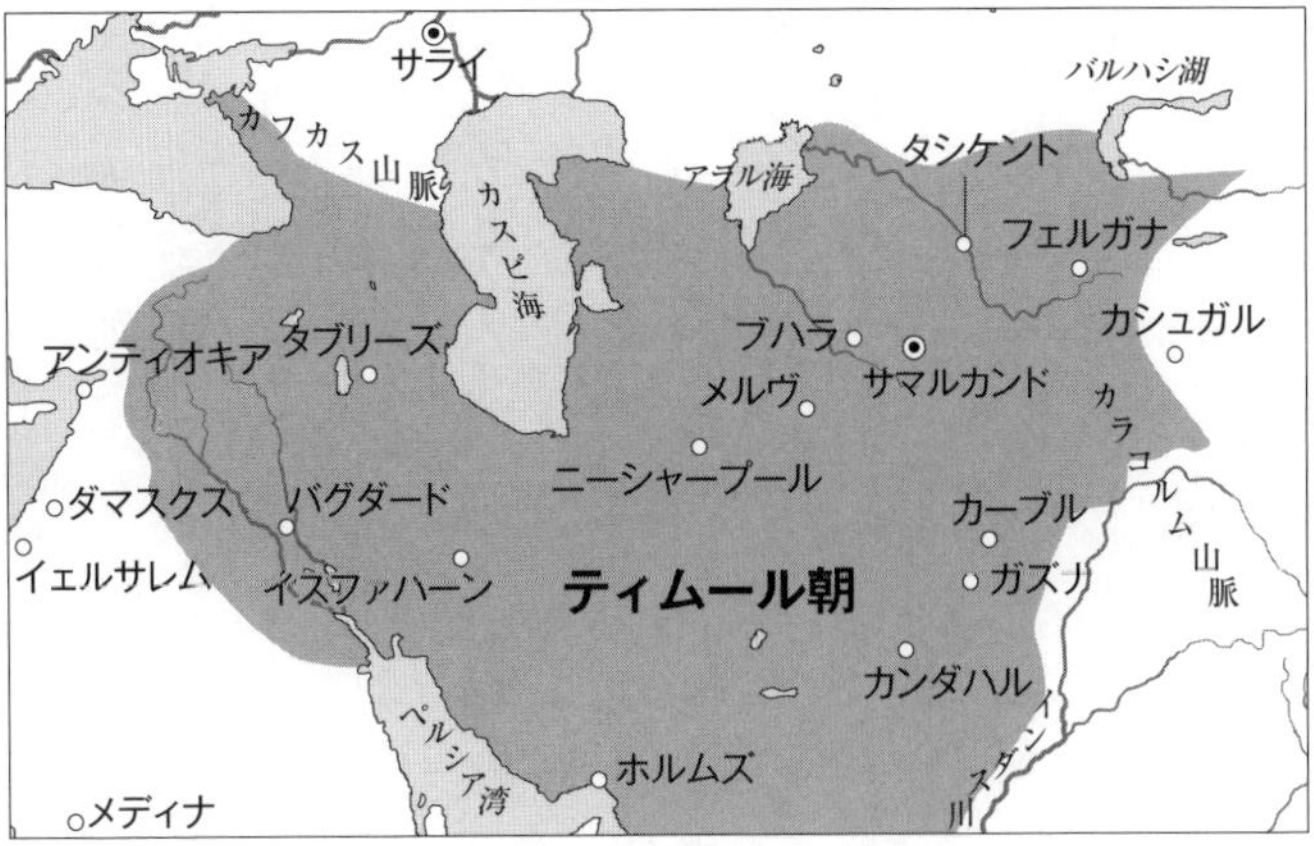

15世紀のティムール朝

天与の優雅さ、生来の大胆さ、旺盛な正義感、正当な意図、堂々たる威厳、適切な行動、深い思慮、気品のある黙認、正当な釈明の容認である、ということである。（『世界史史料　第二巻』九三頁）

ここでアクバルが言及している神は、言うまでもなくアッラーのことであり、これは世界各地のすべてのイスラーム教国家に共通するものである。ただ、アクバルは神に感謝しながらも、支配者にはどのような資質が必要なのか、さまざまな要素を挙げて自分の考えを述べており、ここに宗教の教えとは離れた近代国家の世俗支配者の像に近いものが、おぼろげながらも姿をみせている。

イスラーム教勢力によるインド支配は、多数派である異教徒のヒンドゥー教徒に対する統治を意味したが、当初は改宗の強制があったとはいえ、基本的に人頭税（ジズヤ）を払えば、ヒンドゥー教の信仰が容認された。イスラーム教勢力の支配は少数派による統治だったことから、カースト制度など既存の社会構造を利用する方が合理的だったからである。アクバルはさらに、ヒンドゥー教徒への人頭税を廃止し、融和策を採ることで帝国に繁栄をもたらした。他方では一六世紀初め、ナーナク(一四六九〜一五三九)によって、ヒンドゥー教とイスラーム教を融合し、偶像崇拝とカースト制度を否定したシク教がつくられたが、これはイスラーム教がインドの正統思想に強い影響を与えたことを物語っている。

東南アジアのイスラーム教国家

東南アジア(島嶼部)では一三世紀にイスラーム化が始まり、一五世紀になるとイスラーム教国家がいくつかつくられたが、ここでも支配者はイスラーム政治思想の影響を強く受けた。支配者が自らを、神の代理人、地上における神の影、あるいは東南アジアの海域世界で伝統的に受け入れられていた超自然的な力とみなしたことはこれを物語っている。

一例を挙げると、スマトラ島北部につくられたサムドラ・パサイ王国(一二六七〜一五二一)に関する歴史書は、スマトラで最初のムスリムになった同国の初代国王ムラ・シラウが夢の中で、ムハンマドからムスリムになるようにとの啓示を受けたという主旨の伝説を記している。また、マレーシアの歴史書は、マラッカ王国(一四〇〇頃〜一五一一)の王家が、自分たちはイスラーム教の聖人とされるアレクサンダー大王の後裔《こうえい》であると唱えたことを記している。ここで重要なのは、強大な民族文化や宗教をもたない地域につくられた国家の支配者が、イスラーム教の権威を借りて支配統治を正統化、ないしは正当化したことである。

さらに注目すべきは、イスラーム教の権威を使って自分の地位を正当化しただけでなく、イスラームの教えを統治において忠実に実行した支配者もいたことだった。モロッコに生まれたイブン・バットゥータ(一三〇四～六八/六九/七七)は、一四世紀に中東、中央アジア、インド、中国、アフリカなど世界各地を旅した記録、『大旅行記』を書いたが、今みたスマトラ島のサムドラ・パサイ王国も訪れて、国王の統治について次のような観察を残している。

彼はスルタン＝マリク・アッザーヒルであり、諸王のなかの貴顕の士、高潔な王たちのなかの一人で、シャーフィイー派法学に従い、〔イスラム〕法学者たちを寵愛した。法学者たちは、『コーラン』の朗唱や講話のため、スルタンの座所に参列する〔のが常である〕。スルタンは〔異教徒たちに対する〕数多くの聖戦と〔信仰のための〕襲撃を行い、〔神の前で自らを蔑む〕謙虚な態度を持ち、金曜礼拝に行くにも自らの足で歩んだ(乗物を使わずに、徒歩で行った)。彼の国の住民はシャーフィイー派法学に従い、スルタンに付き従って無報酬で自らの意思で戦いに出るほど聖戦を好む人たちである。然るに、彼らこそは隣接する異教の人々に対する征服者であり、一方の異教徒たちは和約の条件として、人頭税を彼らに差し出している。(イブン・バットゥータ

（『大旅行記　第六巻』三九五〜三九六頁）

イスラーム政治思想が、東南アジアの小国家の支配者、そして住民にも強い影響を与えたことがわかるが、このサムドラ・パサイ王国のスルタンによるイスラーム教の教えを忠実にまもった統治は、中東のイスラーム教国家の支配者のそれと、何の違いもなかったのではないかと思われる。

6　王朝国家の時代における政治思想の特徴

本章のまとめとして、ここで王朝国家の時代における政治思想の特徴について考えてみたい。支配者を任命したのは天や神とする見方、社会秩序を創出するために人民が支配者を必要としたという「疑似」社会契約説の見方、両者の折衷とも言える見方など、これまでさまざまな例を挙げてきたが、それらを総括し、さらにそこからみえてくるものについて検討する。

天や神の役割と意義

アジア各地に登場した王朝国家の支配者の呼称は、皇帝、ラージャ、国王、スルタン、天皇、単《ぜん》于《う》、カアンなど、国家によって違ったが、どの国家も宗教を統治に利用したことは同じだった。支配者は天や神によって任命された、支配者は神の化身である、支配者は現人神であるなど、天や神と関わりをもった超自然的な存在であることに支配者の統治の正当性を求めたのである。

なぜ宗教が用いられたのだろうか。その宗教の教理が説いた理想世界を実現するために行動した支配者もなかにはいたが、ほとんどの支配者は宗教とは無関係の立ち位置から武力で国の権力を握って支配者となっている。それはある種、いつでも同様の武力をもつ存在にくつがえされ得る権力であり、その地位をまもるためには、天や神といった超越者に選ばれた唯一の特別な存在であるという、武力以外の裏づけが必要とされたからであろう。宗教の理念を実現するために国家があるとしたイスラーム教国家は一部例外かもしれないが、アジアにおける王朝国家と宗教の関係は、基本的に権力掌握行為の正当化のための後づけの関係だったとみることができるであろう。

天が支配者を任命したという言説が用いられた代表例が中国である。中国思想研究者の小島毅は、なぜ皇帝の任命が天との関わりで唱えられたのかという理由を、ヨーロッパと比較して次のようにみている。

「天」は古くから王権を支える根拠であった。周王は天命を受けて王者となり、地上の統治を行なっていた。そこには、「中華民族」というような統一体を想定したうえで、それを統合する政治権力が必要だから王を置くというような、西洋ふう国民国家の理論は存在しない。秦以降は、…天命を受けた「皇帝」が地上に君臨することになる。ときに複数の「皇帝」が並び立ち、実際には互いの存在を認めあうということもあったが、理念としては「皇帝」は同一時間には唯一絶対の存在であるはずだった。(溝口・池田・小島『中国思想史』一一三〜一一四頁)

中国では、天が支配者を任命するということについて、人民がその妥当性を原理的に疑う余地がなく、自然秩序の一部であると受け止めていたようである。ただ、支配者、あるいは社会が天の概念をつくり出して、それを支配の正当性に利用したのが実情であり、人間がさまざまな感情をもった存在であることに似せて、天も感情をもった存在であると「擬人化」し、支配者などが天を利用したのである。支配者が誤った統治をすると天の怒りを買うとされたが、これも支配者の統治を抑制・制約することよりも、統治権を強化することにその重点があった。

神の名の下で統治が行われた国家においては、その言説にバリエーションがあった。神が国家をつくった、神が国王を任命した、国王は神に寵愛された存在である、神々が国王の超人的性質を授けた、王権そのものが神聖である、国王は神の代理人である、国王は神々の子孫である、国王は神である、神は国王である、などである。これは古代日本も同様で、奈良時代に編纂《へんさん》された『万葉集』のなかには、天皇を称えて「皇は　神にしませば　天雲の　雷の上に　庵らせるかも」という歌がみられる。

インド思想研究者の森本達雄は、支配者の任命を含めて、支配者の定めた政治や社会制度が宗教の権威を借りて神の名のもとに認可されると、それは神聖にして侵すべからざる神の法として絶対性を獲得することになると指摘する。このような政治思想言説が唱えられた社会では、人民は支配者の統治を受け入れるしかなかったのである。

世界をみると、天や神が支配者を任命したとする政治思想言説は、古代メソポタミアをはじめ、ヨーロッパ、それにラテン・アメリカでもみられた。そのため、決してアジアに特有な政治思想言説ではなく、普遍的な政治思想言説であったと言える。

「疑似」社会契約説

なぜ国家がつくられたのか、誰が支配者を任命したのかという問題について、天や神を拠りどころとする見方とは対照的に、人間社会の秩序を確保・維持するために人民が国家をつくり、その支配者を任命したとする「疑似」社会契約説が唱えられた例もあった。この代表例としてインドが挙げられる。ヒンドゥー教と仏教のいずれも、王権の起原について、混乱状態に陥った人間社会を救うために国王が出現して、人民の生命と財産をまもって秩序をもたらしたとみている。

ただ、厳密に言えば、ヒンドゥー教が神や聖仙によって国王に権威が与えられたとしたのに対し、仏教は、選ばれた者(国王)と選んだ者(人民)とのあいだの一種の契約、すなわち保護を与えてくれる国王に対して人民が報酬として税を納める(収穫の六分の一)ことによって国王を権威づけしたとする点に違いがある。また、国王のダンダ(刑罰権、武力行使権)と徴税権についても、ヒンドゥー教は人民保護義務の遂行を可能にするために神から授けられたとみたのに対し、仏教は一種の契約として生命と財産の保護と引き換えに人民が国王に与えたとみていることにも違いがある。この限りで言えば、ヒンドゥー教は王権神授説の要素ももち、仏教の政治思想は社会契約説により近い。

なお、インドでは、盗賊に盗まれた人民の財物を取り戻したならば、国王はそれを所有主に返還すべきであり、取り戻し得ぬときは、国王は自分の宝物のなかからそれに相当する額を被害者に与えることを求められたという。これが実際に実行されたかどうかは不明だが、たとえ名目的なものにすぎなかったにしても、この場合、インドの人民は近代国家の国民に類似した権利(私有財産権)をもっていたことになる。

とはいえ、少なくとも政治思想の上では人民が支配者と被支配者の関係そのものを変えること、すなわち、王制を廃して共和制にするなどということは、全く誰も考えていなかった。中国思想研究者の森三樹三郎が指摘するように、中国の王朝国家では時として「民衆のための政治」が強調されたが、「民衆による政治」は夢にも考えられなかったわけである。これはインドなど他のアジアの国にも当てはまる。

王朝国家は専制だったという見方

王朝国家の支配者と人民の関係については、対極的な二つの見方がある。一つは、専制だったという見方である。ここでは、ヨーロッパ人が観察したスリランカと朝鮮についてみることにする。

ヨーロッパ勢力によるアジアの植民地化が始まった一七世紀前半、スリランカ島中部にあった仏教国家のキャンディ王国(一四六九～一八一五)で約二〇年間捕虜になった、イギリス人のロバート・ノックス(一六四一～一七二〇)がいた。ノックスは船長の父に従って、イギリスとインド間の貿易に従事していたが、一六五九年にインド東海岸のマドラスで嵐に遭遇し、船の修理のためにセイロン島北部の港に立ち寄った際に、父など一五人の乗組員とともに捕らえられたのである。一九歳で捕虜になり、三八歳のときに仲間と一緒に幽囚からの脱出に成功して、イギリスに帰国後の一六八一年に幽囚回想録の『セイロン島誌』を書いた。そのなかでキャンディ王国の国王の専制を次のように証言している。

王の政治の仕方はと言えば、専制独裁の極みである。王は自分自身の意志と意向に従い、独裁的に支配している。王は自分の頭脳以外は何物も頼りにしない。国土はすべて王の意のままであり、人々は身分の高い者から低い者まですべて王の奴隷もしくは奴隷に近い状態である。人も物も何もかもが王の自由になる。王は暴君の三つの特性である嫉妬、偽善、残忍の全部を漏れなく備えている。(ロバート・ノックス『セイロン島誌』一二五頁)

朝鮮については、イギリス人の女性旅行家イザベラ・バード(一八三一〜一九〇四)が記録を残している。バードは、アメリカやカナダだけでなく、日本、中国、中東など、世界各地を旅行したが、一八九四年に朝鮮を訪れて国王夫妻と謁見する機会をもった。バードは朝鮮の国家について、西欧国家との比較で、国王が事実上の朝鮮政府であるとみたのだが、これは憲法も議会もないことから、国王が公布した勅令以外に法律はないということからの判断であった。バードは国王を絶対的な支配者とみたのである。

ただ、イギリス人のノックスとバードは、「外部者の目」でアジアの王朝国家を観察したにすぎず、もし同国に生まれ育った「内部者の目」で観察した場合は、国王の違った姿がみえたかもしれない。

王朝国家の人民は自由をもっていたという見方

もう一つの見方は、人民はある程度の自由をもっていたという見方である。ここでは、インドの独立運動指導者ネルーの見方を挙げてみたい。ネルーは、インドの王朝国家における支配者と人民の関係は、封建制の下で圧迫されたヨーロッパと違い、人民に対する圧迫がさほどではなく、それゆえ自由をもっていたとして、次のように指摘する。

インドにおいては神政的な君主制は行われなかった。インドの政治では、もし王が正しくなかったり圧政的であったら、王に叛いていいという権利が認められていた。中国の哲学者孟子が二千年もまえにいったことは、インドにもあてはまるかも知れない。「君の臣を視ること土芥の如くなれば、即ち臣の君を視ること寇讎の如し。」君主の権力に関する観念全体が、ヨーロッパの封建制のそれとは異っていた。後者にあっては、王はその領土内のあらゆる人間、あらゆるものの上に権威をもっていた。この権威を、王は彼に忠誠を誓った領主や貴族に代行させた。…その権威につらなっていた土地や民衆はすべて封建領主に属し、彼を通して、王に属していた。…インドでは何もこうした種類のことはなかった。王は、土地から特定の税を徴収する権利をもっていた。そしてこの税を徴収する権力だけが、王が他のものに代行させ得るすべてであった。インドの農民は、領主の農奴ではなかったのである。利用できる土地はいくらでもあり、農民から土地の所有権を奪いとることは何の利益にもならなかった。（ネルー『インドの発見(上)』三三四～三三五頁。旧字体表記を新字体表記に改めた）

圧政が行われた場合、人民は反乱するよりも、森林への逃避や他国・他地方への移住という抵抗を採ったのである。インド史に精通するネルーは、インドには封建制がなかった、人民は国王に全面的に従属していたのではなく、国王(の代理人)に税金を払えさえすれば、あとは行動に自由の余地があったとみたのである。ネルーが理解したこのありようも、アジアの王朝国家の一面であったことは確かだと思われる。

専制にして自由な社会だったという見方

それでは、専制だったという見方と、人民はある程度の自由をもっていたという見方の二つの対極的な見方をどう理解したらよいのだろうか。典型的な専制だったと考えられている中国の王朝国家について、中国思想研究者の小島毅は、いわば二つの見方の折衷とも言える、専制にして自由な社会だったという見方を示している。

十九世紀ヨーロッパで主流となった理論で中国史の流れを見た場合、中国は秦の統一以来、皇帝一人が万民に君臨する専政体制が採られていたことになる。そこには西欧のような議会も社団もない。…しかし、国のすみずみまで皇帝の威令が届いているかというとそうではなく、各人の行動様式や行為規範は官僚機構とはほとんどかかわりなく選択されている。その意味では中国には自由があふれていた。「専制と自由」を二項対立図式で見ようとすると、この矛盾に悩まされることになる。しかし、そもそも東アジアの思想伝統では、専制と自由は二律背反しない。正確には、そうした軸を立てて思考しない。(溝口・池田・小島『中国思想史』一〇四頁)

なぜ中国の王朝国家は専制にして自由な社会という一見して奇妙な状態だったのか。その理由として、皇帝の統治が、儒教が説いた礼に基づく統治だったからだということを小島毅は挙げている。皇帝は人民が礼をまもること以外には無関心で、その他のことについては人民は自由をもっていたからだというのである。同様のことを、インド思想研究者の中村元も指摘している。王朝国家の交替はインドの農民にはほとんど関係がなかった。彼らは国王を盗賊と同類とみなし、国王の交替は町の暴力団の親分の交替という程度のものでしかなかった。国王の家来は暴力を使って危害を加えるので、税金や貢物を言われるままに差し出して厄逃れをすればよいと考えた。彼らにとって本当に大事なことは、司祭としてのバラモンを崇拝し、その指示に従って生活することだったというのである。

ただ留意すべきは、人民が自由だったと言っても、それは近代国家における政治的自由の意味とは違うということである。専制の秩序を逸脱しない範囲内でのみ、人民はどのように振る舞おうと勝手だったという意味の自由にすぎない。このような限定があったにしても、支配者の専制と人民の自由は矛盾するものではなく、両者は領域を「棲み分け」ていた、あるいは両者の領域が「交わる」ことがなかったとみることも可能である。

王朝国家の支配者と人民の関係について、専制だった、人民が自由をもっていた、専制にして自由だったと、それぞれの見方があることについては、支配者と人民のどちらに焦点を当てるのかという関心と視点の置き方による違いから生じたものではないかと思われる。

主要宗教の女性蔑視観

最後に、主題とはやや逸れるが、王朝国家の統治を支えた宗教について、共通する特徴の一つとして挙げておきたい点は、どの宗教も女性を蔑視する側面をもっていたことである。そのことを示す例をそれぞれの宗教について簡単に列挙すると、次のようになる。

儒教では、孔子が、女性と下々の者だけは扱いにくいと述べており、近づけると無遠慮になり、遠ざけると怨むとみていた。

ヒンドゥー教では、幼くとも、若くとも、あるいは老いていても、女性は何事も独立して行ってはならないとされた。たとえ家事であっても、子どものときは父の、若いときは夫の、夫が死んだあとは息子の支配下に入るべしと説いた。

仏教では、女性は聖者を誘惑する存在と捉えられ、女性をして彼を誘惑させるなと女性に対して厳しい見方がされた。

イスラーム教では、もともと一つの魂から男女がつくられたとされており、信仰者として男性も女性も分けへだてをしない考え方である。しかし、証人としての信頼度や相続する遺産の分け前、結婚についてなど、さまざまな規定において男性の方が女性よりも優遇される側面がみられた。ここでは具体例は挙げないが、これはキリスト教も同様だった。

このように、王朝国家の統治を支えた各宗教が、いずれも女性を社会的に劣った存在であるとみた背景には、当時の社会構造や人々の活動、そこから生まれた価値観や人間観があり、それらが反映されたのではないかと思われる。同時に、宗教が統治と長いあいだ結びついていたせいで、古くからの社会構造がそのまま固定化され、近代まで男女の不平等を解消しようという動きが起こらない要因になったという見方もできる。

ここで考えておきたいことは、歴史上、人類の普遍的理念や価値規範であると唱えられたものでも、最初は一部の人々に限定して適用されるものとして始まったということである。その後、時代の経過とともに、それを求める人々の運動を通じてより普遍的になっていった例が少なくない。時代や場所は違うが、たとえば、古代においてアテネ民主政の参加者が自由民に限定され、奴隷は除外されていたことや、近代に革命フランスが唱えた自由・平等・博愛の理念を享受できるのは、当初はヨーロッパ人だけで、非ヨーロッパのアジア人などは除外されていたことなどが挙げられる。

アジアでは植民地国家の時代に、すべての人間は平等である(そこには男女の平等も含まれている)という言説が登場し、その言説は現代国家の時代に、不十分ながらも実現することになる。これは、

「歴史の進歩の法則」、あるいは「歴史の経験則」と呼ぶことができるが、この法則に従って考えると各宗教における女性蔑視観も時代とともに次第に解消されていくものだと言える。ただ、王朝国家の時代のうちにはそれは実現しなかったわけである。宗教と統治が切り離される時代になってようやく、男女平等という政治理念の方が宗教の規定より優先されるようになってきたが、現代においてもジェンダーギャップの問題について考える上で、国家と宗教の結びつきは無視できない要素だと言えよう。

第一章のおわりに

アジアでは紀元前に国家がつくられて以降、王朝国家が天や神、そして宗教を統治に利用した時期が長いこと続いた。しかし、一九世紀にヨーロッパ勢力によるアジアの植民地化が大勢を占め、植民地国家としての統治が始められると、アジアの政治思想の風景は一変する。ほとんどの王朝国家がアジアの政治の舞台から消え、それを支えた宗教も後ろ舞台に退いて、かわって、アジアの知識人のあいだに一般の人民を基礎とした国家の見方が広まっていくのである。この歴史的な大変容をもたらした起爆剤は、植民地化による衝撃と近代西欧思想であり、少なからぬアジアの知識人がそれに触発されて国民主権と民主主義の政治思想を唱えた。それがどのようなものか、検討することが次章のテーマである。

第二章

植民地国家の時代（19世紀中頃～1945年）

一六世紀にヨーロッパ勢力のアジア進出が始まり、一九世紀中頃になるとアジアの多くの地域が植民地化された。ヨーロッパ勢力はそれぞれ本国に模した植民地国家をつくって統治し、その結果、ほとんどの王朝国家は最終的に廃止されるか、名目上は存続したものの統治の実権を喪失するかのいずれかとなり、実質的に王朝国家の時代は終わりを迎えた。アジア政治思想史において重要な点は、ヨーロッパ勢力が近代ヨーロッパの制度や政治思想をもち込んだことで、アジアの政治思想が新たな段階に入ったことである。

本章ではまず、アジアの植民地化がどのように行われ、どのような近代西欧思想が流入してアジアの知識人に影響を与えたのかを簡単にみる。そして、近代西欧政治思想に影響を受けて、アジア諸国の知識人が唱えたさまざまな言説を具体的に検討する。

1　植民地化と近代西欧思想の流入

アジアの植民地化

当初、ヨーロッパ勢力がアジアにきた目的は、ヨーロッパにない貴重な一次産品を調達して、それを世界市場に独占的に販売することにあった。しかし、一八世紀にヨーロッパで産業革命が起こると、そのための原材料や一次エネルギー源が必要になったこと、それに自国でつくった工業製品の販売市場を必要としたことから、世界最大の人口を抱える地域であるアジアの植民地化が新たな目的になった。ヨーロッパ勢力にとってのアジアの利用価値が、輸出向け一次産品の栽培、工業化に必要な天然資源の確保、および工業製品の販売へと変わったことで、アジアのほとんどの国が植民地化されるに至ったのである。アジアの国々を植民地化したのは、ヨーロッパ諸国が中心であったが、アメリカや、アジアの一国である日本もその一員だった。

アジアの植民地化を進めた主なヨーロッパの国は、初期はスペインとポルトガル、次いでオランダ、そしてイギリスとフランスであった。アジア植民地の構図は、現代国家の分布で言うと次のようなものだった。イギリスが最大の植民地宗主国となり、インドなど南アジア全域、それに東南アジアのミ

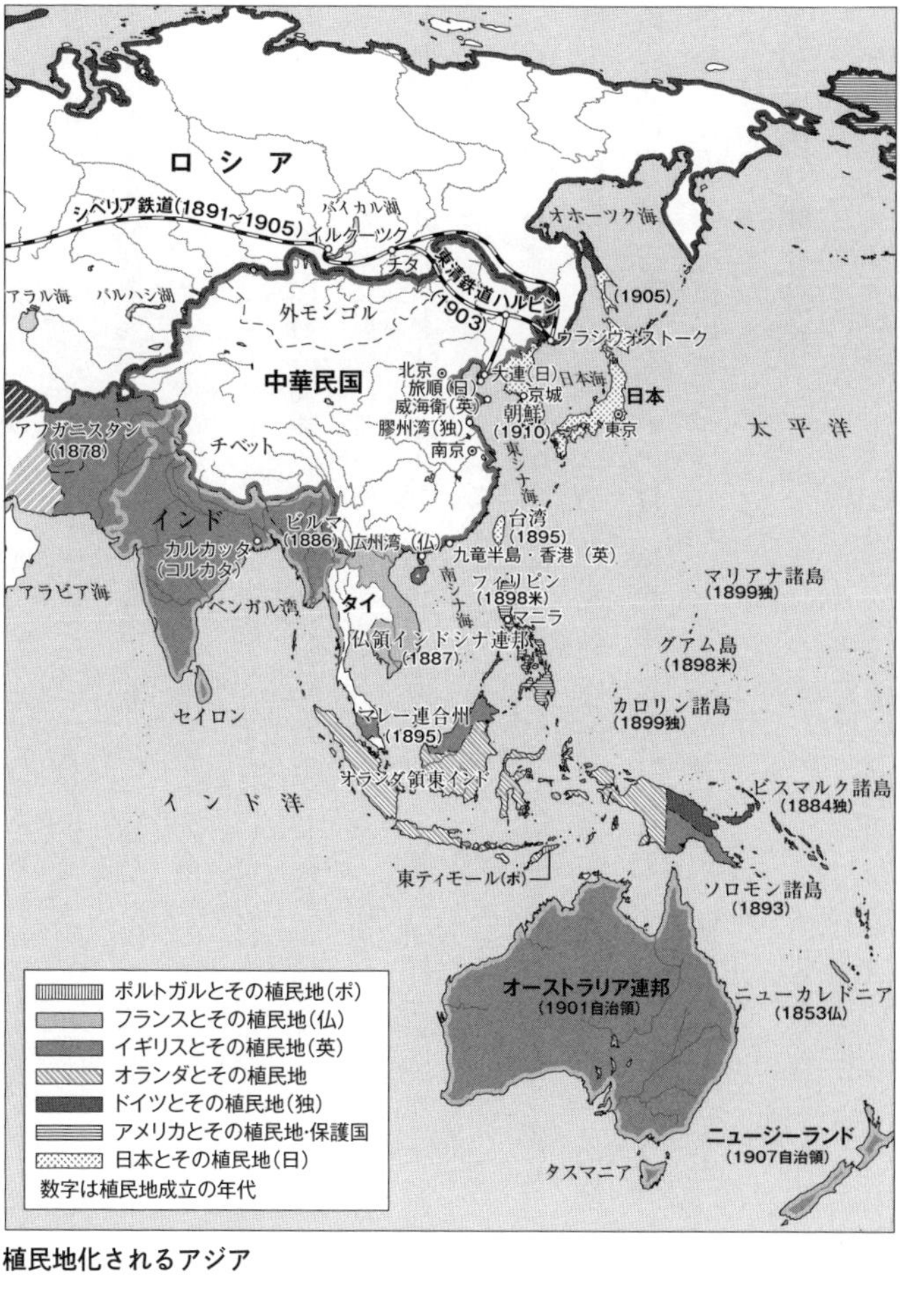
ロシア
シベリア鉄道(1891~1905)
バイカル湖
イルクーツク
チタ
東清鉄道ハルビン(1903)
オホーツク海
(1905)
ウラジヴォストーク
アラル海
バルハシ湖
外モンゴル
中華民国
北京
大連(日)
旅順(日)
威海衛(英)
京城
日本海
日本
朝鮮(1910)
膠州湾(独)
東京
太平洋
アフガニスタン(1878)
チベット
南京
東シナ海
インド
ビルマ(1886)
台湾(1895)
カルカッタ(コルカタ)
広州湾(仏)
九竜半島・香港(英)
マリアナ諸島(1899独)
アラビア海
南シナ海
フィリピン(1898米)
ベンガル湾
タイ
マニラ
仏領インドシナ連邦(1887)
グアム島(1898米)
セイロン
マレー連合州(1895)
カロリン諸島(1899独)
オランダ領東インド
インド洋
ビスマルク諸島(1884独)
東ティモール(ポ)
ソロモン諸島(1893)
オーストラリア連邦(1901自治領)
ニューカレドニア(1853仏)
ニュージーランド(1907自治領)
タスマニア
ポルトガルとその植民地(ポ)
フランスとその植民地(仏)
イギリスとその植民地(英)
オランダとその植民地
ドイツとその植民地(独)
アメリカとその植民地·保護国
日本とその植民地(日)
数字は植民地成立の年代

植民地化されるアジア

ヤンマー、マレーシア、シンガポール、ブルネイなどを植民地とした。フランスはベトナム、カンボジア、ラオスのインドシナ地域、オランダはインドネシア、スペインはフィリピン、ポルトガルは東ティモールをそれぞれ植民地とした。このうち、フィリピンは一九世紀末に宗主国がアメリカにかわった。結果的に、タイを除いて南アジアと東南アジアの全ての国が植民地になったのである。

このようななかで、ヨーロッパから地理的により遠い位置にある東アジアははじめは植民地化を免れていたが、清の国力の弱体化が明らかになった一九世紀後半になると、イギリス、フランス、ロシア、ドイツ、それに時期は違うもののポルトガルが、清の沿海部に殺到し、一部の地域を事実上の植民地にした。また、日本もヨーロッパ諸国に混じって台湾と朝鮮を植民地にしただけでなく、中国の東北地域の満洲を勢力下に置いて、実質的に植民地にした。

かくして、日本、それに中国とタイがかろうじて独立を維持したことを除くと、アジアは基本的に欧米諸国の植民地となって、その政治経済、文明の影響下に置かれたのである。ここで重要なのは、欧米諸国の強い影響を受けたのは、植民地化を免れた日本や中国なども同様だったことである。そのため、この章では植民地化を免れた日本や中国なども含めて検討の対象とする。

アジアの文明化政策

欧米諸国がアジアを植民地にした目的は経済資源の確保と調達にあったが、本書のテーマに照らして重要な点は、欧米諸国が名目上ながらも植民地化の目的を、遅れたアジアを文明化することであると唱えたことである。実際に、この目的下で欧米諸国、とりわけヨーロッパ諸国がアジアの文明化を試みたからである。ここではオランダとフランスの例をみることにする。

インドネシアを植民地にしたオランダは、当初はインドネシア経済の中心地であるジャワで輸出向け一次産品を農民に強制的につくらせる「強制栽培制度」を導入して露骨な経済収奪を行ったが、二〇世紀初頭に方針転換し、新たに「倫理政策」を唱えた。これはオランダ女王が、キリスト教大国のオランダには、インドネシア原住民のうちキリスト教徒となった人々の法的地位を改善する義務があり、また、キリスト教の布教活動をより堅固に援助する義務、インドネシア植民地の住民に倫理的使命を果たす義務があるとして、インドネシア人の生活水準の改善や行政の地方分権化に努力することを謳《うた》ったものである。オランダは倫理政策を通じて、インドネシア人を文明化することを試みたのである。

ベトナムを植民地にしたフランスも、ほぼ同じ頃に、フランスとベトナムが双方の利益と幸福のために協調する「協同主義政策」を打ち出した。その目的は、これまで中国文化の影響下にあって儒教思想を受け入れていたベトナムの知識人に、近代西欧思想を広めて西欧化することにあった。この政策の下で、植民地国家の官僚にはベトナム人が採用され、ベトナム語をそれまでの漢字表記からローマ字表記にしたクオックグー(国語)の導入や、改革派知識人による新聞刊行への支援などが行われたのである。

二つの国の例が示すように、たとえ名目上にすぎなかったにせよ、ヨーロッパ諸国によるアジア植民地の統治は、一方的な政治支配と住民の生活を無視した経済収奪のかたわらで、アジア人の文明化を行って相互の利益向上をはかることが強調されたのである。ヨーロッパ諸国のこの姿勢を何よりも象徴するのが、イギリス人の歴史家で、インド植民地政府の官僚でもあったトーマス・バビントン・マコーリー(一八〇〇〜五九)の言葉である。彼は、インドで西欧型教育を行う目的は、血筋や肌の色はインド人だが、趣味、意見、道徳、知性においてはイギリス人をつくり出すことにあるといったことを述べた。

西欧型官僚制度と教育制度の導入

ヨーロッパ諸国は、本国に準じた植民地国家をつくって植民地を統治したが、その際、もはや不要となった王朝国家をすぐに廃止したのではなく、最初は名目上は存続させて統治実権を自分たちが握る二重体制を採った。わざわざ面倒な二重体制にした理由は、たとえ植民地になっても、これまで通り王朝国家の支配者が統治しているという錯覚をつくり出して、住民のあいだで異民族であるヨーロッパ人の支配に対する反発や反乱が起こるのを防ぐことにあった。これは、イギリス統治下のインド、フランス統治下のベトナム、カンボジア、ラオス、オランダ統治下のインドネシアなど、ほぼすべての植民地で行われた。とはいえ、一八五七年にイギリス支配に対してインド人の大規模反乱「インド大反乱(シパーヒーの大反乱)」が発生すると、イギリスは翌年にムガル帝国を廃止して皇帝を追放したという例もあるように、形骸化した王朝国家であっても植民地統治の上で障害となる場合は、廃止することを躊躇《ちゅうちょ》しなかった。

植民地国家の統治では、実際に統治を担う官僚、とりわけ上級官僚に宗主国の人員が就いたが、広大な土地と多大な人口からなる植民地の統治者をすべて宗主国の人員でまかなうことは、コストが高くついた。そのため、ほぼすべての宗主国が、中級官僚や下級官僚に現地のアジア人を育成して取り立てる政策を採った。これもフランスとオランダの例でみてみよう。

フランスは、インドシナ植民地におけるアジア人官僚を育成する目的で、一九〇六年にハノイにインドシナ大学を創設したが、ベトナム人を中心に毎年数百人をこえる人々が入学して官僚になるための専門知識を学んだ。それはベトナムの若い知識人にとって魅力的なことだったのである。ベトナムの独立運動で指導者として活躍した共産主義者のホー・チ・ミン(一八九〇〜一九六九)はよく知られているが、ホーは植民地政府官僚になる勉強をするためにフランスに渡航した経歴を持つ。しかし、書類の不備でパリの官僚養成学校に入学できず、そのままヨーロッパにとどまって、同地で共産主義に目覚めたのだった。彼もまた植民地国家の官僚になることを目指したベトナム知識人の一人だったのである。

オランダもインドネシアでアジア人専門家を育成するために、ジャワに医師学校と師範学校をつくったが、のちにこれらの高等教育機関の目的はインドネシア人官僚の育成にあるとして、師範学校の名称を原住民官吏養成学校に変えている。

このようにして育成されたアジア人官僚は、植民地国家の中級官僚や下級官僚のポストを担ったが、それにとどまらず、イギリスはさらにインド人も対象にした上級官僚のポストも用意して試験制度を導入した。一八五八年に創設された「インド高等文官職」がそのポストであり、スリランカでも同じ目的で「セイロン文官職」が創設された。また、ミャンマーやマレーシアにも同様のポストがつくられた。このうち、インド高等文官職は、公開試験によって上級官僚に優れた人材を確保することが目的で、試験内容はオックスフォード大学やケンブリッジ大学の卒業生を想定したものだった。当初は、合格者はイギリス人がほとんどだったが、次第にインド人の合格者が増え、インドが独立する前年の一九四六年には、インド人は合格者の半数近い人数を占めていた。

また、植民地国家の統治はヨーロッパ本国の法制度に沿って行われたが、官僚と同様に、ヨーロッパ人だけでは必要とする専門職の人員をまかなえないことから、アジア人の弁護士や医師、教師などを必要とした。そのため、イギリス、オランダ、フランス、スペインなどほとんどの宗主国が西欧型大学を植民地につくり、アジア人の専門家育成に努めた。植民地国家からの奨学金、あるいは自費で宗主国の大学で学ぶアジア人もいた。インドの独立運動指導者のガンディーやネルー、インドネシアのハッタなどは自費留学組である。こうして西欧型教育を受けたアジア人のなかから、その後に大きな影響を与える知識人や専門家の一群が登場することになる。

近代西欧思想の影響を受けたアジア知識人の登場

大学などで西欧教育を受けたアジアの若い知識人が、近代西欧文明と思想、すなわち、専門的知識や技術だけでなく民主主義や共産主義などの政治思想にも触れたことは非常に重要な意味をもった。もちろん、近代西欧思想の影響を受けたのは必ずしも全員ではなかったし、なかにはその思想に反発した者もいたが、多くの知識人が強い感銘を受けた。近代西欧思想の影響を受けた知識人の一群が形成されたのは、西欧諸国の植民地となったインド、ベトナム、インドネシアなどだけでなく、植民地化を免れた日本、中国、タイなどでも同様だった。

彼らアジアの知識人たちは、近代西欧思想に接する前は、自国の王朝国家を支える思想、たとえば、中国の儒教、インドのヒンドゥー教などの下で育ち、その強い影響下に置かれていた。しかし、近代西欧思想を知った彼らのあいだで、王朝国家を支える政治思想や伝統的価値観に対して疑問や懐疑が起こったこと、そして、自国の国家体制に比べて西欧国家の方が優れていると考えた者が少なくなかったことは大きな変化であった。この変化をきっかけに、彼らがアジアの王朝国家体制や政治思想を変革する担い手となっていくのである。

以下では、中国、日本、インドなどアジア各国の知識人が、近代西欧の政治思想に依拠して行った、王朝国家とそれを支える伝統思想の批判、西欧国家と民主主義からどのような感化を受け、それを自国に導入して、どのように政治を変革しようとしたのか、その言説を検討することにする。

2　中国と日本の先駆的思想

黄宗義の原理論

アジアの一部の知識人は、近代西欧の政治思想がアジアに流入する前に、それに類似した考えに基づいた専制批判を行っており、人間の自由と平等を求める言説を唱えていた。

中国の明末清初に登場した黄宗義《こうそうぎ》(一六一〇〜九五)は、その先駆者とも言える一人だった。明政府の官僚の子として生まれた黄宗義は、父が有力官僚の不正を糾弾したものの、党派政争に巻き込まれて逮捕され、獄中で殺害されたことに強い衝撃を受けた。そこから政府に対する不信感を強め、一六六三年に政府批判書とも言える『明夷待訪録《めいいたいほうろく》』を書いた。そこでは、そもそも人々は何のために国家をつくったのか問い、明の専制を次のように批判した。

いにしえは天下を主とし、君主を従と考えていた。およそ君主が生涯をかけて経営に精出したのは、天下のためであった。ところが、今では君主を主とし、天下を従と考えている。およそ天下のどこへ行っても平穏な場所が得られないのは、すべて君主のためである。……すでに君主の地位を獲得してしまうと、天下の人々を骨の髄まで搾取し、天下の子女を離散させて、自分一人の淫楽にささげ、それを当然のこととして、「これはわが財産の利息だ」などという。そうであるならば、天下の大害をなす者は君主なのである。もしも君主がいなかったとしたならば、人々はおのおの自分のことだけを考え、自己の利益のみをはかることができたであろう。ああ、君主を設けた本来の目的は、もとよりこのようなものではなかったはずである。……

われわれが出仕するのは、天下のためであって、君主のためではないのである。万民のためであって、君主一姓のためではないのである。天下万民のためという観点から言えば、正しい道にかなっていなければ、たとい君主が態度や言葉に出して強要しても、決して従うわけにはいかない。（黄宗羲『明夷待訪録』六二、六三、七二頁）

黄宗羲が、天下をどのような意味で使っているのか不明だが、見逃せないのは、君主よりも天下が大事であるとしたこと、天下万民のためという観点から言えば、正しい道にかなっていなければ、決して従うわけにはいかないと結論づけたことである。これは一見すると、近代西欧で唱えられた国民主権の主張と同じように思える。

しかし、この黄宗羲の言説には留保を必要とする。中国思想・文学研究者の濱久雄が、この言説の真意は、偽りの君主がいなければ、人民は自私自利的な欲求を充足できると主張したことにあり、人々の利益を擁護する立場から主張したものではないとみているからである。この濱久雄の見方を裏づけるのが、黄宗羲が西欧国家と同様に人民の立場を強調したとはいえ、別の個所では、「そもそも国家を安んじて社稷《しゃしょく》(土地神と穀物神を祭る祭壇。転じて国家を示す)を全うするのは君子の務めであり、人の指図に従って気力を働かすのは小人の務めである。国家社稷のことについては、将(指導者)よりも重大なものがどこにあろうか」という主旨のことを述べている点である。

要するに、黄宗羲の言説は、王朝国家と君主の存在妥当性に疑念を挟んだものではなく、君主のあるべき正しい統治論を説いたもの、換言すると、人民は政治の主体ではなく、客体とみていたのである。強いてこの言説に意義を求めるならば、中国思想研究者の溝口雄三が指摘するように、人民の社会的存在としての主体性を認めるという点にあったと思われる。ともあれ、この言説は、それまでの政治思想と本質的な違いはなく、黄宗羲は王朝国家体制の政治価値観のなかで生きて考えていたのである。一部の中国近代史研究者のあいだでは、黄宗羲を「中国のルソー」とする評価があるが、その政治思想は、近代西欧の国民主権を説いた社会契約説とは違うものとみるべきであろう。

安藤昌益の支配者不要・人間平等論

興味深いのは、黄宗義と類似した言説が、日本の江戸時代中期にも登場したことである。秋田に生まれて青森の八戸に暮らした医師の安藤昌益（一七〇三頃～六二）の言説がそうである。農村に住んで、社会の底辺で生きる人々のありさまをつぶさに観察した安藤は、一七五三年に刊行した『自然真営《しんえい》道《どう》』において、儒学者、ブッダ、老荘、聖徳太子など、古代の聖人の言説をことごとく否定した。たとえば、第一章でみた儒教が説いている「修身斉家治国平天下」に対して、「自ら農業に従事することなく、農民がつくった食物に依存している学者は身を修めることができないので、凶作の年には農民から食べ物をむさぼるか餓死するしかない。そのため、自分の身一つ修めることができずに、どうして国家・天下を治め平らげることができるのか」という主旨の批判をしている。この過激とも言える言説の背景には、安藤の意識のなかに、すべての人間の基本的な務めは自ら耕作することにある、という農本主義思想があったのである。安藤はこの観点から国家の支配者を次のように断罪するかのごとく批判した。

天下の人間は全部が一人の人間なのです。すべての人間が一人の人間であるこの天下に生まれたからには、直耕して天真とともに衣食の道を得るべきでしょう。すべての人間が一人の人間であるこの天下で、だれを治めるといって王になり、だれに対して王になるというのですか。あなたは耕さずに貪食して天道を盗んでいる。だから天下に盗みが始まる張本人です。それをわきまえずに王と称し、宮殿を建て、禁中と名づけて住んでいる。（安藤昌益『自然真営道』四七頁）

この言説には、自らは農耕に従事しないで農民から食糧を取得する支配者に対する厳しい批判、すなわち、人々は支配者を必要としないという主張がある。この主張の背後には、すべての人間の務めは自ら農耕することにあって、そこでは男女は平等であり、上もなければ下もなく、人間は平等であるという安藤の社会観があったのである。安藤研究者の野口武彦は、安藤を「土くさい思想家」と形容しているが、確かに、この主張には、土とともに生きる原始共産社会に近いものがうかがえる。このような共生的社会では、支配者を必要としないのである。

安藤だけでなく、江戸時代末期の儒学者の広瀬淡窓《たんそう》（一七八二～一八五六）も、「均《ひと》しくこれ人なり。或いは王侯となり、或いは臣庶となるは、天の命ずる所なり」として、人間は平等であると、安藤と同様のことを説いた。

言うまでもなく、安藤と広瀬の人間平等論は、士農工商の身分制度の上に、堅固な支配体制を築いていた江戸幕府には、とうてい受け入れられるものではなかったが、これは明治時代初期に登場した啓蒙思想家の福澤諭吉（一八三五～一九〇一）の「天は人の上に人を造らず人の下に人を造らず」、という有名な言説を先取りしたものだった。ここで注目すべきは、欧米社会を直接観察する機会をもった福澤と違い、二人が近代西欧の啓蒙思想に接することなく、人間平等論を説いたことだった。この背後には、二人が生きた徳川体制を支えていた、武士を頂点にする士農工商の身分制度が、江戸時代末期になると、武士の凋落《ちょうらく》、農業の発展、産業の発展と商人の台頭などによって、もはや社会的に適応しなくなった現実があったのではないかと思われる。

とはいえ、ここまでみた中国と日本で唱えられた人間平等論は、社会的平等を説くにとどまり、政治的平等にまで踏み込んだもの、すなわち、支配者の専制を否定して、立憲君主制や共和制を説いたものではなかった。専制の是非や政治体制に踏み込んだ言説を唱えることは、近代西欧思想に直接接した知識人に託された「任務」だったのである。

3　明治日本における近代的思想言説

福澤諭吉の人間平等論

日本は明治時代になると、植民地化を免れるために西欧諸国に倣って、国家と社会を近代化することを熱く説いた思想家が登場した。彼らは啓蒙思想家と呼ばれたが、その頂点にいたのが精力的な言論活動を行った福澤諭吉である。江戸時代末期に生まれた福澤は、儒学の思想の下で育ちながらも、長崎での蘭学の勉強、それに欧米視察旅行を通じた洋学の勉強によって近代西欧思想に目を向け、日本の近代化、すなわち、西欧化を説いた。福澤は、徳川封建体制の士農工商の身分制度に反発して、人間は生まれながらに平等であることを次のように唱えた。

天は人の上に人を造らず人の下に人を造らずと言えり。されば天より人を生ずるには、万人は万人皆同じ位にして、生れながら貴賤上下の差別なく、万物の霊たる身と心との働きをもって天地の間にあるよろずの物を資り、もって衣食住の用を達し、自由自在、互いに人の妨げをなさずして各々安楽にこの世を渡らしめ給うの趣意なり。（福澤諭吉『学問のすゝめ』一一頁）

序章でみた水平派の主張に近い福澤の人間平等論は、近代西欧思想から学んだものであり、安藤などの議論よりも一段と主張が明確である。とはいえ福澤は、人間は完全に平等なのではなく、賢人と愚人の違いがあるとみた。その違いは生まれによるものではなく、生まれたのち、学んだかそうでなかったのかの違いにあるとした。これが学問と教育の重要性を説くことにつながり、人間の同等とはありさまの等しさではなく、権理通義《けんりつうぎ》が等しいこと、換言すると、同じ権利の下で人々が自分の命を重んじ、自分の所有物をまもり、自分の名誉を大切にすることであると説いた。これは、このあとでみるネルーが、最終結果の平等ではなく、出発点における平等を説いたことと同じである。

福澤諭吉の国家論

福澤は、国家は何のためにあるのかという政治思想にも足を踏み込んだ。「政府といい人民というといえども、ただその名目を異に職業を分かつのみにて、その地位の上下の別あることを許されない。政府よく人民を保護し、小弱を扶助して強暴を制するは、即ちその当務の職掌にて、これ過分の功労と称するに足らない、ただ分業の趣意に戻らざるのみ」という言説は、政治思想に触れた言説の例の一つである。ここから福澤は、政府は国民を超越した絶対的存在なのではなく、秩序を確保して国民に安寧を提供することに存在理由があるとして、その上で、国家の主権が国民にあること、すなわち、国民主権を明確に説いた。

明治14年の福澤諭吉（『写真近代日本文学百年 明治・大正編』より）

主人の身分をもって論ずれば、一国の人民は即ち政府なり。その故は一国中の人民悉皆《しっかい》政《まつりごと》をなすべきものに非ざれば、政府なるものを設けてこれに国政を任せ、人民の名代として事務を取扱わしむべしとの約束を定めたればなり。故に人民は家元なり、また主人なり。政府は名代人なり、また支配人なり。（福澤諭吉『学問のすゝめ』七五～七六頁）

これは近代西欧の社会契約説に基づいた国家観そのものである。この上で福澤は、もし政府が国民との約束を破って暴政を行った場合、国民が採るべき対応は、政府に従うか、力をもって政府に敵対するか、正理をまもって身を棄てるかのいずれかだとした。この三つのうち、力をもって政府に敵対すること、すなわち、革命が西欧諸国における国民の態度であったが、福澤はこれを選んで説くことをしなかった。理性と合理主義を重視した福澤が、革命などの暴力による政治変動を嫌ったことが理由だったのではないかと思われる。そして、立憲君主制が良いのか共和制が望ましいのかという国家体制の問題については、「すべて世の政府は、ただ便利のために設けたるものなり、国の文明に便利なるものなれば、政府の体裁は立君にても共和にても、その名を問わずしてその実を取るべし」として、こだわらない態度を採った。これもプラグマティスト福澤にふさわしい主張と言えるものである。

ただ、留意すべきは、福澤が人間平等や国民主権を熱く説いたかたわらで、愚民観の持ち主でもあったことである。愚民を統治するにはとても道理で諭すことはできないので、もっぱら威厳で恐れ入るようにさせるしかない。西洋の諺《ことわざ》に、愚民の上に過酷な政府があるというのはこのことであるという主旨の言説を福澤は述べている。これは、同じ啓蒙思想家である中江兆民《ちょうみん》（一八四七～一九〇一）との違いの一つでもあった。

中江兆民の民主主義国家論

福澤諭吉と並ぶ啓蒙思想家に中江兆民がいた。中江は明治時代初期にフランスに留学し、帰国後、ルソーの『社会契約論』を翻訳するなど、精力的に民主主義を広める啓蒙思想活動を行った。ルソーの政治思想を学んだ中江は、国民主権の立場から国家（政府）と国民のあるべき関係を次のように説いた。

彼ら満面得々然としていはん、政府の設け、兵馬の蓄へ、鉄道の布設、官立学校、皆これ国家的の表発にあらずや。国家的にあらざれば国家は保つべからずと。少く考へよ。躁《さわ》ぐことなかれ。割出すものと割出されたるものと、誠に実に少しの区別あり。…割出すものこれ個人、割出されたものこれ国家、政府の設けは個人を安んずるがためなり。兵馬の設けは個人を護るがためなり。鉄道の布設は個人を運ぶがためなり。官立学校は個人を教ゆるがためなり。目的と手段と、…個人これ目的なり、国家これ手段なり。国の中には人実に元素たり、世界の中には国実に元素たり。

（中江兆民『中江兆民評論集』二六七～二六八頁）

中江が、国家の主人公は国民であり、国家の役割は国民に安寧秩序を提供することにあると説いた点は福澤と同じだが、中江の言説には、国民主権の考えがより明瞭にみて取れる。

中江は、世界の政治体制の変遷についても言及した。世界の政治進化(政治発展)は、三段階からなり、第一段階が、混乱した無秩序から抜け出した君主宰相専制政治の時期、第二段階が、立憲君主制になった時期、第三段階が、民主制の時期であるという。西欧諸国がアジアに押し寄せるなかで、いかにして、日本の国家としての政治的自立をまもるかに腐心した福澤と比べると、中江の関心が国家の中身とあり方に向けられていたことがわかる。

中江兆民

中江は、三段階のうち専制よりも立憲制が望ましいと考えたが、日本が今後採るべき道を説いた政論書の『三酔人経綸問答《さんすいじんけいりんもんどう》』において、その理由を述べている。「専制制度をぬけ出て、立憲制度に入ってはじめて、人間は、ひとりひとり独立の人格になることができる」こと、すなわち、「政治に参加する権利、財産を私有する権利、好きな事業を営む権利、信教の自由の権利、その他、言論の自由の権利」「出版の権利」「結社の権利」などは、「人間たるものの必ず持つべきはずのもの」であり、こうした権利を全部もったのちにはじめて、人間と呼ばれる価値をもつというのである。そして、三段階のなかでは民主制がもっとも優れているとみたが、その理由は、人間にとって平等で自由な制度が最高法則であり、民主制はこれを実現したものだと考えたからであった。この点で、中江の思想言説には、福澤よりも人々の自由と平等に関する「こだわり」が強いことがうかがえる。

日本神国論

福澤や中江の言説があったとはいえ、当時の日本が国民主権や民主主義思想一色に塗りつぶされていたのではなく、むしろまだ社会的には少数派だった。西欧諸国に倣った近代化を進めた明治政府は、同時に、天皇を戴く王朝国家の顔をもっていたからである。これは近代ヨーロッパ諸国と同様であった。日本の多くの政府指導者のあいだで、天皇は神である、日本は神国であるという古代からの政治思想が共有されていたことは、宗教によって権威づけする王朝国家の特徴をよくあらわしている。経済学者で社会思想家の河上肇（一八七九〜一九四六）は、この政治思想の賛同者ではないが、一九一一年に日本神国論の主張を次のように手際よくまとめている。

日本は神国なり。国は即ち神なりと云ふこと、是れ日本人一般の信仰なり。…天皇は此の神たる国体を代表し給ふ所の者にて、謂はゞ抽象的なる国家神を具体的にしたる者が我国の　天皇なり。故に日本人の信仰よりすれば、皇位は即ち神位なり、天皇は即ち神人なり。(中略)故に日本に於いては、国家と　天皇とは一体にして分つべからず。而して国家は吾等の神なるが故に、天皇は即ち神の代表者たり。(『日本史史料　第四巻』二九二頁)

これは、第一章でみた、アジア各地の王朝国家が唱えた宗教に依拠した言説と全く同じであり、一九三五年に発表された「国体明徴《めいちょう》に関する政府声明」で、この見方が公式化されたのである。

明治時代から第二次世界大戦までの時期は、日本のあるべき国家像をめぐって、政府が唱えた神国論と自由主義者が唱えた民主国論の激しい「せめぎ合い」が起こった時期であり、実際の政治過程において、この思想戦に勝利したのは神国論だったのである。

4　近代中国における王朝国家の改革言説

太平天国の法治国家論

儒教に支えられた王朝国家が連綿と続いていた中国でも、一九世紀中頃に西欧諸国の植民地化の触手が迫ると、植民地化を免れるために西欧に倣って国家と社会を近代化・民主化することを唱える啓蒙思想家や革命家の一群が登場した。それまで中華思想の下で外国を蛮夷《ばんい》とみなしていた清（一六一六〜一九一二）は、諸外国と関係する事柄を夷務《いむ》と呼んでいたが、イギリスと戦ったアヘン戦争（一八四〇〜四二）での敗北を契機に、洋務と呼ぶようになる。政府の方針転換と歩調を合わせたかのように、少なからぬ知識人たちから、王朝国家やそれを支える儒教思想に対する批判、そして民主主義を説いた言説が、堰《せき》を切ったかのように噴出した。

その先駆的動きの一つとして、洪秀全《こうしゅうぜん》（一八一三〜六四）が主導した太平天国の乱（一八五一〜六四）が挙げられる。洪秀全は、儒教思想の下で育ったが、科挙試験に失敗して失意にあったときに、キリスト教を知り、キリスト教徒になった。洪秀全は、満洲人がつくった清を打倒する運動を起こし、その目的は反満洲人政府にあったが、同時に、自分は唯一神ヤハウェの次男で、イエス・キリストの弟であると称して、中国をキリスト教国家にすることも掲げたのである。これが太平天国の乱である。乱は指導者間の内紛もあって鎮圧されたが、その言動で注目される点は、キリスト教と近代西欧思想の強い影響を受けた洪秀全が、西欧国家をモデルにした国をつくることを唱えた点である。洪秀全の親族でスイスに亡命した経歴をもつ洪仁玕《こうじんかん》（一八二二〜六四）が、一八五九年に太平天国の法治国家論を次のように述べている。

さて国を治めるには必ずまず政治をしっかりと定めなければならず、政治をするには依拠すべき原則がなければならない。…法による統治とは、世道、人心に大いに関係あることについてであります。たとえば人間関係において人間として守るべき道や教育の原則などは、法を作って基準とすべきです。そうすれば下にあるものは従うべき道を知って、路に迷うことがなくなるでしょう。しかしながら路に迷うことなく正しい道を歩ませるようにするには、教育と法とを併せ行なうべきです。(『世界史史料　第九巻』二九頁)

ここに示されるように、太平天国はあるべき国家像として、西欧のような法治国家を掲げたのである。乱は失敗に終わったが、その思想は儒教思想に支えられた国家観を根底からくつがえすものであり、これ以降、西欧に倣った国家をつくることを説いた言説と運動が本格化していったのである。

清政府高官がみた議会政治

中国を変革する必要性を痛感していたのは、太平天国などの反体制派だけでなく、体制に属する一部の知識人も同様だった。清政府の高級官僚で、のちに駐独公使を務めた李鳳苞《りほうほう》(?〜一八八七)は、その一人である。李鳳苞は一八七七年に政府使節団の一員として、フランスを訪れた際に議会を見学し、議会制について次のような感想をもった。

西洋国家の統治のかなめとしては、およそ五つの重要な点がある。一つは、民気を通じさせているということだ。民はばらばらに住み、地位もかけ離れているから、それらを通じさせることは容易ではない。そこで郷挙里選によって上下議院を設置し、問題が起こると直言して憚らない。少しでも民に不便であることについては、必ず誠心誠意、何とかして適切なものにする。（小島毅編『東アジアの王権と宗教』一五九頁）

郷挙里選《きょうきょりせん》とは、漢時代の官僚登用法で、優秀な人材を地方で選び、地方の長官が中央に推薦する制度のことである。清政府高級官僚の李鳳苞は、いかにして政府と人民のあいだに君民一体観を創出するか苦慮していたが、フランスを訪問して、選挙で選ばれた議会を通じて政府と国民のあいだに対話と交流が行われていることに強い感銘を受けたのである。とはいえ、君主制を廃止して共和制にすること、あるいは君主の権限を制限することを考えたのではなく、議会制を導入して君主制を強化することが目的だった。

その後の中国では、体制内外の知識人による西欧に倣った言説が本格化していった。このうち、立憲君主制を主張した人々は改革派、共和制を主張した人々は革命派と呼ばれたが、以下では、改革派と革命派の主な言説をみることにする。

改革派の梁啓超の新民論

中国の近代化を目的とした改革の一つが、一八九八年に清政府内で起こった変法《へんぽう》運動だった。指導者は儒学知識人官僚の康有為《こうゆうい》(一八五八〜一九二七)で、彼を補佐したのが、科挙に合格したとはいえ、近代西欧思想の強い影響を受けた思想家でジャーナリストの梁啓超《りょうけいちょう》(一八七三〜一九二九年)である。ただ、変法運動は三ヵ月ほどで失敗して、二人は日本への亡命を余儀なくされた。ジャーナリストとしての才気に溢れた梁啓超は、日本で中国の近代化のために精力的な言論活動を行い、一九〇二〜〇六年に発表した言説をまとめたのが『新民説』である。梁啓超本人によると、新民の意味は、民を新たにすることだが、民がその旧を棄てて他者に倣うことを望むのではなく、新たにするには二つの意味があるという。一つは、「固有のものを磨き上げ、これを新たにすること」、もう一つは、「本来なかったものを採り入れて補い、これを新たにすること」だというのである。要するに、新民論の意図は、近代西欧に心酔して中国の数千年の道徳や学術、風俗を捨て去るのでなく、逆に、古い書物を墨《ぼく》守《しゅ》して、数千年の道徳や学術や風俗を大事にすれば、世界のなかで十分に自立できるというのでもなく、いわば近代西欧思想と中国の伝統思想の「折衷《せっちゅう》」によって中国を強化することにあったのである。

梁啓超は『新民説』において、原理的な政治論を展開して、国家とは何か自問した。その答えが、第一に、一身に対して国家が存在することを知ること、第二に、朝廷に対して国家が存在することを知ること、第三に、外の民族に対して国家が存在することを知ること、第四に、世界に対して国家が存在することを知ることというものだった。儒教と中華思想の下、中国が世界の中心であるとみていた知識人のあいだで、近代西欧思想に依拠して世界のさまざまな国との関連で中国国家のありさまを問い、それを変革する知的営為が始まったのである。

梁啓超の国家論

梁啓超も、古代アジアの思想家や近代西欧の思想家と同様に、なぜ国家がつくられたのかという問題を考えて、その理由を次のようにみた。

人が他の生き物より優れているのは、社会を形成できるという点にほかならない。もし人が一人で生きていかねばならないとしたら、飛ぶのは鳥に及ばず、走るのは獣に及ばず、人類はとうの昔に絶滅していただろう。したがって、…〔社会の〕外部について言えば、危急のさいには知恵を出し力を合わせ、城《まち》を守り侵略を防ぐのであって、決して一人で自分の生命を守るわけにはいかない。こうして国家が生まれる。国家はやむを得ずして成立したのである。つまり、人びとは自分の身に頼るだけではだめなことを理解し、互いに団結し、補助し、防衛し、利益をもたらす方法を別に求めた。（梁啓超『新民説』六二～六四頁）

梁啓超が説いた国家のつくられ方は、一見すると「疑似」社会契約説に類似しているように思える。しかしその真意は、国民が国家をつくったと説いたものではなく、国をまもるために、清皇帝の支配統治の下で国民が団結することを説いたものだったのである。

梁啓超

梁啓超は、国家と国民の関係についても言及した。「国民とは個々の私人が結集したものであり、国権とは個々の私人の権利が集まってできたものである、したがって、国民の思想、感覚、行為を求めようとすれば、その一分子である個々の私人の思想、感覚、行為を抜きにしては得られない」と述べている。その上で、国民が強い状態を強国と言い、国民が弱い状態を弱国と言う、国民が富んでいる状態を富国と言い、国民が貧しい状態を貧国と言う、国民に権利がある状態を有権国と言い、国民が恥を知らない状態を無恥国と言うとし、「国家はたとえれば樹であり、権利思想はたとえれば根である。根が絶えてしまえば、たとえ幹が高く聳《そび》え葉が鬱蒼《うっそう》と茂っていても、樹は必ず枯れる」と結論づけた。

これも、一見すると、国家における国民の重要性を説いていることから、国民主権に立っているかのようにみえる。しかし、梁啓超が国家に朝廷がなくてはならないのは当然であると述べていること、自分の議論を補強するために儒学者の言説を援用していることが示すように、中国の採るべき政治体制は、共和制ではなく君主制（立憲君主制）であることを主張したものである。それどころか、民度が立憲政治を運営するまでに達していない中国は、立憲君主制に至る前段階として、開明専制が必要だとすら説いた。この点で、梁啓超は近代西欧の政治観と中国の伝統的政治観の双方の上に立った思想家と言うことができるであろう。

孫文の革命論

改革派と革命派が対立して、激しい論争を繰り広げたなかで、革命派の論客の代表とも言えるのが、孫文（一八六六〜一九二五）である。清を倒した辛亥《しんがい》革命において革命理論と運動の両面で指導者の役割を担った孫文は、ハワイやイギリス植民地の香港で西欧型教育を受けて西欧国家観を習得した知識人である。中国の王朝国家のあり方に強い疑念をもった孫文は、これまでの政府と人民の関係について、「人民は、誰が皇帝になろうが租税さえおさめれば責任を果たした」と考え、他方、「政府は、人民が租税をおさめさえすれば、ほかのことはさっぱりかまわず、あとは人民が自然に生まれそして死んでいくのにまかせていた」と痛烈に批判した。この視座に立って、王朝国家の清を倒し、中国を共和制にする革命の精神を次のように説いた。

明朝や太平天国といった昔の革命は、駆除・光復だけを自分の任務とし、その他に関心を向けなかった。今日、我々は昔と異なり、韃虜《たつりょ》を駆除し中華を回復するほか、国体・民生をも人民とともに変革せねばならない。多肢にわたるとはいえ、その一貫した精神を要約すれば、自由・平等・博愛である。だから昔は英雄革命であったが、今は国民革命なのである。国民革命というのは、一国の人が全て自由・平等・博愛の精神をもつこと、すなわち皆が革命の責任を負うことであり、軍政府は単にその中核となるにすぎない。（孫文『孫文革命文集』九一頁）

王朝国家による人民の生活を無視した専制を批判して、中国のあるべき国家像は自由・平等・博愛に基づいた共和制であると唱えた孫文は、間違いなく近代西欧思想の強い影響を受けた革命思想家だった。

孫文の共和制論

孫文が、中国を共和制にすることに精力を注いだことはよく知られているが、なぜ共和制が望ましいのかの理由については、人民が自ら自分を統治することが、政治の最高形態であると確信するがゆえにと説明した。別の機会には、共和制のもとでは国民はすべて平等であり、参政権をもち、大統領は国民の公選によって選ばれ、議会は国民が公選した議員からなり、中華民国憲法を制定して国民はそれを順守すると述べ、もし帝政を行おうとする者がいたならば、国民がこれを倒すとも述べている。このような立場から、王朝国家の専制や立憲君主制を選好して共和制に懐疑的な人々に対して、次のように説いた。

欧米の共和政治を、わが中国は今まだ適用することはできないとも言われます。野蛮から専制へ、専制から立憲へ、立憲から共和へというのは天然の順序であり、性急に前進することはできず、わが中国の改革は君主立憲が最適で、決して共和を採用できないと言うのでしょう［保皇会《ほこうかい》の主張を指す］。ところがこの説は、大間違いなのです。わが中国の前途は鉄道敷設のようなもので、今もし鉄道を敷くならば、最初に発明された汽車を用いるか、それとも近年改良された最も便利な汽車を用いるか、その得失は女性や子供でもわかります。だから君主立憲を中国に適用できないことは、知者に聞かずともわかるのです。（孫文『孫文革命文集』八四頁）

保皇会の主張というのは、改革派が唱えた立憲君主制のことであり、当時、中国のあるべき国家体制について、改革派と革命派のあいだで激しい論争が起こっていた。孫文は改革派の主張に対して、共和制が世界の最新の政治体制であること、それに、世界の趨勢《すうせい》であることから、中国も採用すべきだと反論したのである。とはいえ、留意が必要な点は、孫文が梁啓超と同様に、中国が立憲議会制に至るには、軍政——訓政——憲政の三段階を経なければならないとした点である。すなわち、軍政の軍事独裁、訓政の一党独裁が必要であるとして、孫文指導の下での独裁を正当化したのである。このことは、孫文がその主張に反して、中国が一気に共和制に進めるものではないことを自覚していたことを示している。事実、その後の中国は共和制の目標に向かってジグザグの道を歩むことになる。

孫文の自由論

孫文も自由を説いたが、それは個人の自由ではなく、改革派の梁啓超と同様に、国家の自由だったのである。孫文はなぜ国家の自由が重要だとみたのか。その理由は、筆者なりにまとめると、もし個人が自由を行使したならば、中国社会がバラバラになってしまうと懸念したからである。それに対して、国家が自由に行動できたならば中国は強大な国になることができ、列強の圧迫から免れて、中国の人民は真に自由になれると考えたのである。このように、孫文が個人の自由よりも国家の自由を重くみた背景には、中国の人民の多くが不知不覚《ふちふかく》なので、先知先《せんちせん》覚《がく》の政治指導者が指導して正しい軌道の上に乗せる

孫文

必要があるという愚民観があった。

共和制を熱く説きながらも、愚民観の下で強大な国家（政府）の必要性を説いた孫文の政治思想は、梁啓超と同様、近代西欧思想と王朝国家思想が混在したものと言うことができる。この点について、中国思想研究者の溝口雄三は、儒教思想との関連から孫文の政治思想のキーワードである三民主義を次のようにみている。

孫文にあっては、自由は民族全体の自由、権利は専制者を斥けた国民総体の権利、平等は相互の経済的平等をそれぞれ志向したものであり、ここには個人の自由とか人権とか私有財産権といった考えはほとんど見られないどころか、むしろ原理的には否定されるべきものとされている。このように、三民主義には色濃く儒家的な道徳思想すなわち、仁・公・大同の思想が反映しており、儒家の性善説に見られる底なしの道徳的オプティズムが感得される。このことは、孫文が儒家的な思想枠組から出られなかったとも言えるが、また伝統的な儒家思想が近代になって三民主義として開花した、ただし一方その伝統の開花が逆に私有財産権にもとづいた個人の権利といった西欧近代的な考え方を阻んできた、とも言えるのである。（溝口・池田・小島『中国思想史』二三四頁）

溝口雄三の指摘は、孫文の意識のなかに、中国の伝統政治思想と近代西欧思想の二つがあったことを語るものであり、孫文は、もし二つの思想が衝突して齟齬《そご》をきたした場合、中国を救うのは伝統政治思想、すなわち儒教だと考えたのである。これは近代主義者で革命家の孫文の特徴でもあったが、孫文と同じ思惟《しい》様式の知識人が少なくなかった。

汪精衛の民主主義論

とはいえ、近代西欧の民主主義を、いわば純粋なかたちで中国に導入することを説いた知識人もいた。孫文の革命運動仲間の一人、汪精衛《おうせいえい》(汪兆銘《おうちょうめい》、一八八三〜一九四四)はその一人である。科挙に合格したものの、清政府に失望した汪精衛は、日本の法政大学に留学したのち、革命運動に参加して、孫文がつくった国民党左派の理論的指導者になった。しかし孫文の死後、国民党の実権を握った軍人蔣介石《しょうかいせき》(一八八七〜一九七五)の独裁を批判して対立し、また、日本が中国を侵略すると、親日の南京国民政府を樹立して日本の傀儡《かいらい》になるなど、その政治経歴は波瀾《はらん》と毀誉褒貶《きよほうへん》に富んだものだった。とはいえ、西欧諸国を見聞するために何度かフランスを訪れた汪精衛は、一時期は紛れもなく民主主義者であったと言えるものであり、それを物語るのが次の言説である。

国民とは、何か。国家を構成する分子である。彼らは互いに自由、平等、博愛をもって結合し、この精神にもとづいて、国法をつくる。法とは、国民の総意である。政府とは、国法が委任する所のものである。それ故に、「法治国」といい、それ故に「立憲政体」という。したがって、政治の根本は、専制とは大いに異なる。国家機関という点からみれば、専制は一機関でもって事を取りしきり、他の機関と権を分かつということがない。これに対し、立憲は、その機関が分科しつつ統一されており、分業の地位に立って、むやみに他の権限を犯す地位に立ってはいない。……個人の権利からみれば、専制は、必ず人民の自由を認めることがなく、したがって、国家は個人に対して、ただ権利だけをもって義務はなく、個人は国家に対して、ただ義務だけがあって権利をもたない。立憲ということになると、国家と個人は、すべてその権利をもち、その義務を有する。(『清末民国初政治評論集』三四一頁)

この、自由、平等、博愛、これに立脚した個人の権利を説いた言説は、どの政治思想の教科書にも出てくる典型的な民主主義論と言えるものである。この観点から汪精衛は、中国の六千年来の君権専制政治をくつがえそうとするならば、国民主義の国家を建てるべきであると説いた。しかし、その後の展開は、汪精衛も中国もこれとは異なる道を歩むことになった。

啓蒙思想家・陳独秀の王朝国家批判

近代西欧の政治思想に全面的に依拠し、ラディカルで鋭利な言説を展開したのが、陳独秀《ちんどくしゅう》（一八七九～一九四二）である。日本に何度か留学して近代西欧思想を詳しく学んだ陳独秀は、二〇世紀初めに「民主と科学」を掲げて、精力的に啓蒙思想活動を行ったことで知られている。のちに共産主義者に転じたが、言論活動を開始した当初は、中国を西欧型国家にしようと考えた代表的知識人だった。

陳独秀は、一九一五年に自ら創刊・編集した雑誌『新青年』（当初は『青年雑誌』）で、胡適《こせき》（一八九一～一九六二）などとともに近代化に向けた言説活動を行い、国家とは何かを自問して、次のように述べた。土地・人民・主権は、国家を成立させる形式にすぎず、国民が国家を建設する目的は、権利を保障し、ともに幸福を図ることにあり、これが国家を成立させる精神であるという主旨の内容である。この観点から、中国の王朝国家を厳しく批判して、「わが国は太古以来、国家を建設したと称したこと、およそ数十回あったが、いずれもわれわれのために福利を図ったことはなく、それどころかわれわれの福利を損なう賊であった」と断罪したのである。

陳独秀の王朝国家批判の論拠は、国家とは国民の権利を保障して、国民の幸福を図るものであり、これに従事しなければ、国家は存在しても誉《ほまれ》とすることはなく、亡《ほろ》んでも惜しむことはないこと、これまでの中国は、外には侵略を防がず、内には国民を保たないのみならず、さらには国民を損なうものでしかなかったという点にあった。これは近代西欧の政治思想が説いた、国家と国民の関係に立脚したものだったのである。陳独秀が、国家の主人は国民であると強く確信していたことは、国家というものは一種或《あ》るいは数種の国民が集まって一片の土地を占拠したものに仮につけた名前でしかなく、もし国民を取り除いたならば一片の土地が残るだけで、国家はどこにもみえなくなり、国家とは何かわからなくなる、という主張にもあらわれている。

これは、この時期に登場したアジアのすべての近代主義者に言えることだが、陳独秀は近代西欧思想を知ったことで、はじめて中国の儒教思想や王朝国家の問題点がはっきりとみえたのである。

中国人による個人解放の主張

陳独秀は中国を近代化するには、何よりも儒教思想に縛られている国民の意識を変える必要があるとして、近代西欧における国民解放を手本に、中国人の個人の解放を唱えて次のように説いた。

　人権・平等の説が興ってから、奴隷の名は、血気ある者が甘んじてそれを受け容れることはなくなったので、世に近世ヨーロッパの歴史は「解放の歴史」と称される。君権を破壊して、政治の解放を求め、教権［教会の権力］を否認して、宗教の解放を求め、均産［財産の均等分配］の説が興って、経済の解放を求め、女子参政権運動が、男権からの解放を求めた。

解放とは、奴隷の羈絆《きはん》を脱し、その自主・自由の人格を全うすることを言うのである。…独立自主の人格を自任する以上は、一切の行動、一切の権利、一切の信仰は、ただ各自の固有の知能にのみ委ねるのであって、断じて他人に盲従・隷属する道理はない。（陳独秀『陳独秀文集　第一巻』七二〜七三頁）

陳独秀

陳独秀にとって、儒教思想に支えられた中国の王朝国家を変革すること以上に、政治的にも社会的にも人格と人権をもつことがなかった個人の解放、すなわち、個人の自立が大きな関心事だったのである。この背景には、王朝国家の専制は久しく、人民はただ政府の命令に従うだけだった、人民は納税と訴訟を除けば、政府と関わり合うことはなく、国家とは何か、政治とは何か知るところではなかった、という主旨を認識していたことがあった。これは、孫文の認識と同じである。

ここから、近代国家における個人の権利について、次のように断言した。「一切の倫理・道徳・政治・法律・社会の目標・国家の強く願うところは、個人の自由、権利と幸福を擁護することに他ならない」「思想・言論の自由は、個性の発展を図るものである」「法律の前では、個人は平等である」「個人の自由・権利は、憲法に記載され、国の法律はそれを剥奪することができない。いわゆる人権がそれである」、すなわち「人権とは、成人して以降、当然ながら奴隷ではなく、ことごとくこの権利を享受して、差別がない」ことであるというのである。ここには、個人の自由と人権を基礎にした民主主義への明白な確信がみて取れる。陳独秀が民主主義という場合、それは何よりも、人々の平等のことであり、それは、このあとでみるインドのネルーと同じである。

「自由主義型」民主主義者の陳独秀

陳独秀は一九二〇年頃に啓蒙思想家から共産主義者に転じて、中国を共産主義国家にする政治運動にエネルギーを傾注した。とはいえ、民主主義についてはプロレタリア民主主義ではなく、自由主義型民主主義であるべきことを確信していた。すべての政治活動をやめた晩年の一九四〇年に、民主主義について次のように述べたことが、これを示している。

> 人々はこれまで、民主主義について多くの誤解をしてきた。その最も浅薄な見解は、民主主義をブルジョワジーの専売品と見なして来たことである。…
> 民主主義は人類に政治組織が発生してから、政治が消滅するまで、各時代(ギリシャ、ローマ、近代から将来に至る)において、多数階級の人民が少数の特権者に反抗する際の旗幟《きし》である。「プ

ロレタリア民主主義」は空文句ではなく、その具体的な内容はブルジョワ民主主義同様、すべての公民が集会、結社、言論、出版、ストライキの自由を持つことを要求するものである。とりわけ重要なのは、反対党派の自由で、これらがなければ、議会やソヴィエトはともに何の価値もない。(陳独秀『陳独秀文集　第三巻』一八八、三二六頁)

一部の中国研究者は、陳独秀が語る民主主義について、啓蒙思想家のときはブルジョワ民主主義、共産主義者のときはプロレタリア民主主義のことであると理解していたとみているが、陳独秀は生涯を通じて、民主主義を「自由主義型」民主主義として捉えていたとみるべきだと思われる。特筆すべきは、民主主義と共産主義が「共存」するものだと考えていた思想家がいたということである。

胡適による個人の自立論

陳独秀とともに中国を近代化する啓蒙思想活動を行った仲間の一人が、胡適である。アメリカのコーネル大学などに留学した胡適は、激情型の性格だった陳独秀とは対照的に冷静な性格で、自由主義を確信する立場から民主主義を説いた思想家である。陳独秀と同様に、胡適も個人の自立を説いた。その言説の一端として、一九二六年には次のように述べている。

足るを知る東方人は貧弱な生活に自ら安んずる。…今ある環境と運命に自ら安んずる。…ただ天命を楽しみ(楽天)、天命に安んずるだけで、制度を改革しようとは思わない。ただ分に安んじ己を守ろうとするだけで、革命を思わず、ただ順民になるだけである。…

西方の人はそれとは大きく違う。かれらは、「足るを知らないことは神聖なことだ」と言う。…理智的に足るを知らないことが、今日の科学世界を生んだのである。社会政治制度的に足るを知らないことが、今日の民権世界、自由政体、男女同権の世界、労働神聖の呼び声、社会主義運動を生んだのである。神聖な足るを知らざることこそがすべての進化の原動力なのである。(胡適『胡適文選　第一巻』二〇七、二〇八頁)

胡適

近代西欧の社会革命を担った人間像とも言える「足るを知らない」意識をもとにして、国民一人一人が自由独立の人格をもつことを説いた胡適の主張は、中国の王朝国家を支えてきた儒教が全く知らないものだったのである。家庭に縛られている女性の自立を描いたノルウェーの劇作家イプセンの小説をもとに、民主主義国家では自由独立の人格と責任意識が重要であるとして、胡適は次のように説いた。

家庭がこのようだとしたら、社会・国家もまたそうである。自治の社会、共和の国家では、個人が自由選択の権を持つことが必要で、また個人が自分が行った行為に対して責任を負うことが必要なだけである。もしそうでなければ、決して自己独立した人格を作り出すことはできない。社会・国家が自由で独立した人格を持たないのは、酒の中に酒麹がないのと、パンにパン種〔イースト〕がないのと、人の身体に頭がないのと同じで、そうした社会・国家には改良進歩の希望は決してないのである。（胡適『胡適文選　第一巻』一八四頁）

胡適の最大の関心は、中国人が合理主義意識をもつこと、これを基礎にして個人が自立することにあったのである。その理由は、胡適がアメリカに七年間滞在して、個人の自立に支えられたアメリカ社会の「強靭性」に感銘を受けたことから、中国も個人の自立を基礎にしてはじめて民主主義国家が可能になると確信していたからである。

胡適の民主主義論

陳独秀と違って胡適は政治とは距離を置いていたが、時には政治について言及した。良い政府のあり方として「政治機関を十分に活用して社会全体のために十分な福祉をはかること」「個人の自由を十分に受け入れ、個性の発展を愛護すること」を挙げている。これは現在の西欧の民主主義国家の姿と全く同じであり、胡適がこのような国家観をもつに至った背景には、アメリカ滞在中に民主主義が望ましい体制であることをみて取ったことがあったのではないかと思われる。

欧米諸国の知識人の民主主義理解とみても何ら遜色ない胡適の政治観について、アメリカの胡適研究者ジェローム・グリーダーは、胡適にとって、民主政治は常識による政治にすぎないが、これに対して専制、少なくとも開明的専制は、特別の英傑者の政治を要求するものであるとみていたと述べている。また、胡適は、中国のように英傑的人材が欠乏している国においてもっとも良い政治的訓練は、次第しだいに政権の基礎を広めていくことができる民主的憲政を敷くことであると考えていたとした。そして、グリーダーによると、胡適は、民主政治はもっとも骨の折れない、もっとも理解して使用しやすいものであることから、中国人のように政治的な役割を果たすのに貧しい能力しかない人々でも理解して使用することができるとみていたという。これは、孫文や梁啓超とは全く違う政治観である。

このように胡適は、民主主義を普通の人々も実践可能で、中国にも適用できるものとみたが、その後の中国は、陳独秀や胡適が望んだ民主主義政治の方向ではなく、国民党の強権政治や共産党の一党独裁への道へと進んでいったのである。

康有為による儒教を基礎とした大同国家論

中国には古くから近代西欧精神に類似するものがあったと唱えた知識人もいた。変法運動を主導した儒学知識人の康有為はその一人である。変法運動の失敗後、康有為は日本やインドに亡命し、欧米諸国にも旅行したが、その後、儒教国教化運動を進めて、一九一二年にその目的を次のように述べた。

中国が数千年来、国教として奉じてきたのが孔子である。大なるかな、孔子の道。天地を配し、神明に本づき、万物を育み、四方六方に広がり〔『荘子』天下篇〕、その道はどこにでも生き渡った。ゆえに中古においては制を改め法を立てた。教主となりその経伝とするところは、学官に立て、国民はこれを暗唱してこれに従った。朝廷はこれを奉じ憲法とした。刑罰を軽くし、税を薄くし、封建を廃し、世襲をやめ、国人は奴隷となることを免れ仕官することができ、貴賤を問わず同じ罪であれば法のもと平等であり、集会・言論・出版みな自由であり、また仏教、道教〔道学、儒教〕の説を好む者はみなその信教の自由にゆだねられる。おおよそフランス革命で争われた大きなことがらは、わが中国はすべて孔子の教説によって二千年早くこれを得ている。(『世界史史料　第九巻』二一六頁)

康有為の主張に従うと、中国の王朝国家は、西欧より二〇〇〇年も前に専制のかたわらで、人々の自由と平等を原理にする近代西欧の理念を実現していたことになる。近代中国思想史研究者の佐藤慎一が指摘するように、康有為は、自由や平等など近代西欧社会を構成する諸価値を儒教のなかに読み込んで、それらは中国固有の価値であると唱えたのである。このことは、近代西欧思想が中国に流入したことによって儒教は「死滅」したのではなく、少なからぬ知識人のあいだで「蘇生」したことを示している。

康有為の政治思想のユニークさは、これにとどまらない。一九〇二年(一〇年頃とする説もある)に書いた『大同書《だいどうしょ》』において、儒教を基礎としたユートピア世界国家とも言える、大同国家を唱えたからである。大同とは、昔、大道(大いなる道、具体的には人々を差別しない公平で平等な政策のこと)が行われていた時は、天下を公とする政治が実現していて、人々は差別や財産私有がない大同の世に暮らしていたと説いた孔子の教えである。康有為はこれに依拠して、いっさいの差別が廃止されて人々が苦悩から解放された、中国でも西欧でもない、二つの世界を融合した大同世界を頭のなかで思い描いたのである。大同国家論の概要は、世界各地の国家を廃止して、世界全体で世界政府とも言える総政府を設置すること、世界をいくつかの区域(区政府)に分けて、総政府と区政府を民選で選ぶこと、家族制度を廃止して男女が同棲することは一年をこえてはならず、時期がくれば相手をかえなければならないこと、人々が成人すると政府の指示で仕事を割り当て、農業や工業などの生産事業を分担すること、このような大同国家の実現を可能にするのが科学技術の発展であることなどからなる。

かつて康有為の弟子だった梁啓超は、大同国家論を、民主主義、国際連合主義、児童公育主義、老人に対する保険主義、共産主義などを含んだ壮大なユートピアであるとみたが、康有為本人は、孔子が唱えた理想的な社会を実現したものと考えたのである。大同国家の妥当性や実現可能性を別にすると、これは孔子が説いた儒教を基盤にした世界国家論と言える。

ベトナムのカオダイ教にみる大同世界論

興味深いことに、同じようなユートピア思想がベトナムでも唱えられた。一九二六年にベトナム南部で誕生した、儒教、道教、仏教、イスラーム教、キリスト教を融合した民族宗教のカオダイ教が唱えた、大同世界である。カオダイとは一個の天眼をもった至高神のことであり、カオダイ教は仏教に倣って生と死の輪廻《りんね》から解脱《げだつ》するための教えを説いて、ベトナムの数多くの都市住民や農民の信徒を得た。また、博愛、平等、人類平和を基礎に、人類が和合する時代をつくることを使命の一つにして、人間同士の争いも差別もない、喜びと幸せを分かち合う人類愛に満ちた世界、すなわち大同世界を説いたのである。

中国とベトナムで唱えられた大同世界の基礎になったのが、それぞれ儒教とカオダイ教であるという点に違いがあったとはいえ、アジアの宗教をもとに世界平和の国家を説いた点で、康有為の主張とカオダイ教の主張は類似している。近代ヨーロッパで、それまで社会を支えていた価値規範が揺らいだ際にユートピア思想が登場したように、アジアでも、近代西欧思想が流入して既存の価値規範が揺らいだタイミングで理想の社会を求める大同世界論が登場したわけである。

5　インドにおける知識人の政治観

インドの対極的な二人の独立運動指導者

インドは、イギリス植民地国家の統治を補佐するインド人官僚の育成を目的に、西欧型教育制度が導入されると、多くの知識人が西欧化した国である。と同時に、過酷な植民地支配に対して強い反発が起こり、アジアのなかでは早い時期に独立運動が始まった国でもあった。西欧化と民族ナショナリズムの二つの顔をもった知識人を代表するのが、独立運動の二大指導者モーハンダース・カラムチャンド・ガンディー(一八六九〜一九四八)と、ジャワーハルラール・ネルー(一八八九〜一九六四)である。両者ともイギリス留学経験をもつ、熱烈な独立運動指導者であった。両者は若いときにイギリスに暮らして直接近代西欧思想に接した点は共通しているが、それをインドに適用することに関しては対極的とも言える違いをみせた。ネルーが近代西欧思想に共鳴して、人々を平等に扱う民主主義の原理でインド社会をつくり変えようとしたのに対し、ガンディーは近代西欧文明に反発して、インドの民族文化と伝統農村を基礎にしてインド社会を構築することを考えたからである。

以下では、ネルーとガンディーを中心に、近代西欧思想に対するインドとパキスタンの知識人の対応がどのようなものだったのかみることにする。

全インド会議でのネルー（左）とガンディー

「近代インドの父」によるヒンドゥー教の因習批判

インド社会の根幹をなしているヒンドゥー教の因習や偶像崇拝に疑問をいだき、それを改革することに尽力したのがラーム・モーハン・ローイ(一七七二/七四～一八三三)である。インド東部のベンガル州の名門に生まれて、ヒンドゥー教文化とイスラーム教文化の下で育ったローイは、近代西欧思想に接するとそれを受け入れて、啓蒙思想家、社会活動家となり、インドの伝統慣習の改革を精力的に唱えたことから「近代インドの父」と呼ばれる。ローイは格式が高いバラモン一族に属したが、ヒンドゥー教の偶像崇拝や、夫の死後に残された夫人が生きたまま夫と一緒に火葬されるサティー(貞節を守った女性の意味)を厳しく批判する言説を唱え、一八二八年にブラーフマ協会(ブラーフマ・サマージ)をつくり、ヒンドゥー教の改革運動を進めた。ローイは亡くなる年に、滞在したイギリスからインドの友人に宛てて手紙を送っており、そのなかで、生涯に及んだ活動を次のように述懐した。

一六歳の頃、私はヒンドゥーの偶像崇拝体系の妥当性を問題にした草稿を書き上げました。このことは…私と親族の間を冷やかなものにしました。…その後はじめて私はヨーロッパ人と会い、彼らと交わるようになりました。彼らが一般に知性に優れ、行動において着実、穏健であることが分かり、私は彼らに対する偏見を捨て、彼らに好意を抱くようになりました。彼らの支配は外からの軛には違いないものの、原住民の状況を速やかに確かに改善するだろうと思うようになったのです。……私がバラモンを相手に、彼らの偶像崇拝と迷信について論争を続け、彼らのサティー［寡婦殉死］の風習やその他の悪習に干渉したことは、私に対する彼らの敵意を甦らせ募らせました。……私が論争においてとった立場は、ブラフマニズムに反対するのではなく、その歪曲に反対するものでありました。バラモンたちの偶像崇拝は、彼らの先祖と、彼らが尊び従うと言っている古代の書物や典拠の説く原理に対立するというのが、私の示そうと努めたことなのです。

（『世界史史料　第八巻』四三、四四頁）

ローイの活動は、ヒンドゥー教の政治思想としての妥当性に触れたものではないが、近代西欧文明をもとにしてヒンドゥー教の因習を批判した言説は、そのまま、ヒンドゥー教に支えられたインド社会に対する批判と、その変革につながるものだった。ただ彼の関心は、イギリス統治の下でインド社会を変革することにあり、植民地支配を含めたインドの政治改革は、ローイのあとの世代に属するガンディーやネルーの「任務」だった。

ネルーの自由論

イギリスに七年留学したネルーは、イギリスの植民地支配に強く反発した民族主義者であると同時に、留学先のイギリスで近代西欧思想に強く感化された啓蒙思想家、かつ近代主義者でもあった。ネルーは独立運動をした咎《とが》で何度も投獄されたが、この間に時間を得ると獄中で著作を何冊か書いた。一人娘で、のちに首相になるインディラ・ガンディー（一九一七〜八四）に宛てた手紙形式で書き、一九三六年に刊行された『父が子に語る世界歴史』はその一つで、自由と平等について次のように述べている。

自由と平等の理念こそは、教会と社会の権威主義的な考えに対立するものでもあった。デモクラシーはもとより、万人が事実上平等だなどとはいわなかった。いろいろな人びとのあいだには差別が存在することはわかりきったことだから、そのようなことを主張することは、もとよりできなかった。…ただそれは、人間が平等の政治的・社会的価値をもつものとしてあつかわれるべきだ、と主張しただけだ。…

投票権は政治的権力の象徴であり、もしも万人が一票をもつことにすれば、そのひとは政治的権力にたいして平等なわけまえにあずかるものである、という仮定がなされた。…複雑な社会のなかでは、個人個人をはっきりと区別して、かれらに完全な自由をあたえることは容易にできることではない。そのような意味では、個人と社会とは、あい矛盾するかもしれないし、事実矛盾する。デモクラシーは、それがどのように矛盾しようとも、いつも個人の自由の

拡大のほうの肩をもった。（ネルー『父が子に語る世界歴史　第五巻』七八、七九、八〇頁）

これは、西欧国家の自由と平等、投票権などの制度について説明したものだが、留意すべきは、現実社会では個人が完全な自由をもつことは難しいとしながらも、ネルーがインドもそれに近いものになるべきだと考えていたことである。ここには、自由と平等を最高の原理にする民主主義への揺るぎない信頼と確信がみて取れる。

ネルーの平等社会論

独立運動家ネルーは、一九三七年に実施された、イギリス直接統治下の州における選挙に勝利して、自治州政府の一員になるなど政治家でもあった。インドが独立すると国民会議派政府首相に就任して、民主主義社会にすることに情熱とエネルギーを傾注した。その手段が、憲法による民主主義の制度化であり、その中核政策が、カーストの身分制に縛られていた人々、とりわけ四つの身分制の枠外に置かれたアウト・カーストの人々を解放して、平等な社会をつくることだった。独立前年の一九四六年に出版された『インドの発見』において述べた、次の言葉が何よりもその意思を雄弁に語っている。

インドにおいては、とにかく、われわれは平等を目標としなければならない。ということは、各人が肉体的に、知識的に、あるいは精神的に平等であること、あるいは平等にし得ることを意味するわけではないし、また意味し得るわけでもない。しかしそれは、万人に対する均等な機会を意味し、どんな個人または集団の行手にも政治的・経済的・社会的な障壁を設けないことを意味する。それは人間性にたいする信頼を意味し、また、そうする機会さえあたえられれば、独自の道を前進し、かつやりとげることのできないような人種や集団はあり得ないという信念を意味する。（ネルー『インドの発見（下）』七三〇頁）

ネルーは、ヒンドゥー教に支えられたインドの王朝国家が統治において利用してきた、カースト制度の峻厳《しゅんげん》な身分差別を廃して、人々の機会が均等な社会を建設することを目指したのである。言うまでもなく、その手本になったのが、近代西欧の人々による権利を平等に扱う民主主義社会であり、これは堅固な身分制からなるヒンドゥー教社会を変革する歴史的な挑戦でもあった。

ガンディーの村落自治論

インド独立運動の最大の指導者ガンディーが考えた、理想のインド社会は、ネルーとは違うものだった。近代西欧社会を手本にするのではなく、インドの伝統社会を基礎にすることを目指したのである。ガンディーは、イギリス統治下の一九四二年に、インドの伝統農村を基礎にした村落共和国をつくることを目指して、次のように説いた。

村落は完全な共和国であって、自らの死活事項に関しては近隣から独立しているが、依存が必要な他の多くの事項に関しては、相互依存的である…。村落の第一の関心事は、自村の食用作物と衣料用綿花を作ることであろう。…教育は、基礎課程の終わるまでは義務である。…あらゆる活動はできるだけ共同体を基盤にして行なわれる。不可触民層に格付けされた人々も含め、村にカーストは存在してはならない。…村落共同体の制裁は非暴力による。ただし、サティヤーグラハや非協力の方法は採用される。村の警護は義務である。それは村台帳から輪番制で選抜される。村落政府は…毎年…村落成人男女により選出される五名の五人委員会により管掌される。…これが権力と司法の全権を持つ。いかなる村も今日ではこのような共和国になれる。現政府からさえ大きく干渉はされないだろう。現政府と村との唯一の関係は村税を徴収することだけであるから。…ここには個人の自由にもとづく完全民主主義が存在しなくてはならない。個人個人が自らの政府をつくりあげる。非暴力の法則が個人を支配し、その政府を支配する。（長崎暢子『ガンディー』二〇六〜二〇七頁）

サティヤーグラハとは、ガンディーの思想と運動におけるキーワードである非暴力と不服従のことである。ガンディーが、カースト制度の差別を批判して、それを廃止しようとしたのはネルーと同じだが、しかし、そのための理想とも手段とも考えたのが、西欧諸国の議会制や立憲制ではなく、インドの伝統農村を基盤にした共和制、すなわち、村落自治だったのである。ガンディーが唱えた個人の自由を基礎にした共和制の民主主義は、村民が自治の主役とされていることから、都市自由民が政治参加したアテネの民主政にも似ているかもしれない。ガンディーはネルーと違って政治家ではなく思想の人だったが、これを承知であえて言えば、「政治家」ガンディーにとっては広大な領域からなる国家ではなく、村落のような小規模で等身大の国家が理想形だったのである。

アメリカの社会学者バリントン・ムーア（一九一三〜二〇〇五）は、ガンディーが求めたのは、理想化された過去への回帰で、不可触民の存在のような明白に社会を堕落させて抑圧している慣習を取り除いた上でのインド村落共同体への回帰であったという主旨の見方をしている。これは適切な理解だと思われる。

政治からの宗教排除

王朝国家の時代、そして現代においてもインドは、人々の宗教意識が強いことが特徴の一つだが、注目すべきは、ガンディーが宗教を政治から取り除くことを考えていたことである。すなわち、インドの伝統文化に立脚した民主主義社会をつくることを考えてはいたが、それはガンディー自身が信仰するヒンドゥー教をはじめとして、宗教を基軸にするものではなかったのである。

それどころか、ガンディーは宗教を国家と政治から排除することを考えていた。「全集団が一つの宗教を持っているところであっても、わたしは国家宗教なるものを信じない。国家の宗教に対する干渉は、いつでも歓迎すべきことではない。宗教は純粋に個人的なことである。わたしは部分的にせよ、全体としてにせよ、宗教団体への国家の援助には反対である」とガンディーは述べている。

ガンディーが指導する下で独立運動に参加したネルーは、ガンディーは本質的に宗教の人であり、心底からのヒンドゥー教徒だったとみていたが、この言葉には西欧国家の精神と同じ「政教分離」(世俗主義)への強い確信がある。ガンディーは、伝統農村の重要性を説いたが、それは宗教に支えられた王朝国家の精神ではなく、近代西欧国家の精神よって運営されるべきものと考えていたのである。

サーヴァルカルによるヒンドゥー教国家の主張

流入した近代西欧思想に反発して、中国において儒教を原理にした国家の再興を主張する言説が出てきたように、インドでもヒンドゥー教を前面に出した政治主張が登場している。インド西部のマハーラーシュトラ州に生まれて、ヒンドゥー・ナショナリズムを唱えたヴィナーヤク・ダーモーダル・サーヴァルカル(一八八三〜一九六六)は、その一人である。過激な反英民族活動によって一九一一〜二四年の期間投獄されたが、ヒンドゥー教至上主義者としてサーヴァルカルは、次のような言説を残している。

ヒンドゥーとは、誰か？　ヒンドゥーとは、インダス河より大海にいたる、このバーラタヴァルシャの大地を父祖の地にして、聖なる地とみなす人のことである。（中略）ヒンドゥー連盟は、弛むことなくヒンドゥー・コミュニティーに奉仕してきており、実際のところ、ヒンドゥー総体の権益の唯一にして忠実な庇護者であることが証明されている。（中略）ヒンドゥー連盟こそが、インド内外の隅々にいたるまで汎ヒンドゥー意識を掻き立て、さまざまな宗派、カースト、信条を持つ人々をして、共通の人種、共通の国土、共通の言葉、共通の文化、共通の過去、そして共通の未来といういとおしき共同の絆により結ばれた一つの民族たるヒンドゥーとして自覚させたのである。（『世界史史料　第一〇巻』一六六頁）

バーラタヴァルシャとはインドのことで、サーヴァルカルが熱烈なヒンドゥー・ナショナリズムを唱えた背景には、インドに住むムスリムの汎イスラーム運動に反発したという側面があった。サーヴァルカルの主張は、ヒンドゥーとはインドを自分の父祖の地で聖なる国と認める者のことであり、インドはヒンドゥー教国家でなければならないというものであった。異質な近代西欧思想に接したことによって、ヒンドゥー教の意義を再認識したのである。中国で儒教思想が根強いように、インドではヒンドゥー教思想が根強いということが改めてわかる。

現在、インドの数多い政党のなかで、世俗主義を掲げる国民会議派に対抗する政党として、ヒンドゥー至上主義を掲げるインド人民党がある。ヒンドゥー・ナショナリズムはこの党の「源泉」となっている。

近代西欧思想とパキスタンのムスリム

一九四七年のイギリス植民地からの独立に際して、それまで歴史地理的にインド世界を形成して一体だったインドとパキスタンは、ヒンドゥー教とイスラーム教の宗教の違いを原因に、分離してそれぞれ独自の国をつくった。のちにパキスタンをつくるムスリム知識人は、近代西欧思想や国家と宗教の関係をどのようにみていたのだろうか。

近代西欧思想に対する対応は、ヒンドゥー教徒と同様、二つに分かれた。一つは、積極的に近代西欧思想を取り入れて、イスラーム社会の近代化を進めた人々である。その代表がムガル帝国貴族に連なる啓蒙思想家のサイイド・アフマド・ハーン(一八一七〜九八)である。イギリス東インド会社の法律官僚として働いた親英のハーンは、イギリスがヒンドゥー教徒を優遇してムスリムを冷遇しているのをみて、ムスリムの子弟に近代教育を施すために、一八七五年、西欧の科学とイスラーム教を教えるムハンマダン・アングロ・オリエンタル・カレッジ(のちのアリーガル・ムスリム大学)をつくった。

ハーンは一八七七年の開校の辞で、その目的を次のように述べた。

イギリス支配の意味をわれわれの中で明瞭に理解すること、恩寵の意味を適切に理解できるよう教育を施すこと、われわれの進歩を妨げてきた旧来の空想的観念を追い払うこと、現在のわれわれに致命的な影響を与えている妄信を取り除くこと、東洋学と西欧の人文学や科学との間の調和を図ること、東洋の開明的な人々に西欧の同志に見られるような現実的な活力が宿るよう鼓舞すること、インド・ムスリムがイギリス王室を戴くにふさわしい臣民になるよう導くこと、外来者への単なる服従心ではなく良き統治の恩恵を享受する者としての自発的な忠誠心をムスリムの間に育成することなどです。(『世界史史料　第八巻』八〇頁)

ハーンなどによる改革は「アリーガル運動」と呼ばれたが、運動はインド・ムスリムの親英グループの牙城になった。インドにおけるムスリムの立場をまもる言説を唱えた知識人や政治家が、アリーガル・ムスリム大学の卒業生から多く出て、彼らが、パキスタンの分離を主導した全インド・ムスリム連盟(一九〇六年設立)の中核になった。

もう一つは、近代西欧思想と英語教育に反発して、イスラーム教の復古的改革を目指したデーオバンド学派の運動である。同派の人々は、インド統治の基本とされたイギリス法が優位になったなかでもイスラーム法をまもる目的で、一八六七年にデーオバンド学院をつくり、アラビア語を教授し、『コーラン』などイスラーム教の基本思想を教えた。同学院について注目すべき点は、多くの一般信徒の寄付で財政的に支えられ、急速に規模を拡大して、インドにおけるイスラーム復興改革運動の中核になったことである。

パキスタンの国家と宗教の関係をみるにあたっては、「パキスタン建国の父」と呼ばれた、ムハンマド・アリ・ジンナー(一八七六〜一九四八)を挙げておく必要がある。ムスリム商人の子として生まれたジンナーは、イギリスに留学して弁護士の資格を取り、帰国後は弁護士として活動した。その後、独立運動指導者になったが、ここまでの経歴はガンディーやネルーとほぼ同じである。ジンナーは、当初はガンディーが指導するインド国民会議派と協調したが、その後、袂《たもと》を分かち、一九〇六年に上述の全インド・ムスリム連盟を結成して、イスラーム教国家をつくる運動の指導者となった。一九四七年にパキスタンが独立すると初代総督に就任したが、翌年に病死した。

留意すべきは、ジンナーはイスラーム教国家をつくるために尽力してきた一方で、国家指導者となった際には、パキスタンをイスラーム教を国家原理に戴く国ではなく、政教分離の国(世俗主義)にすることを宣言したことである。これは、ヒンドゥー教徒のガンディーがインドを政教分離の国にすることを説いたのと同じであり、この点で、ムスリムのジンナーも、近代西欧思想と西欧国家の強い影響を受けた知識人の一人だったと言える。また、イスラーム政治思想が神と国家の一体化を説くものであるにもかかわらず、アリーガル運動は、イスラーム教の考え方と近代西欧で誕生した国民主権の考え方を融合することに努めるものだった。ただ、分離独立後はパキスタンのイスラーム化が進んだ。

6 アジア諸国における知識人の政治観

朝鮮の朴泳孝の国家論

朝鮮では、李成桂《りせいけい》(一三三五〜一四〇八)が始めた李氏朝鮮(一三九二〜一九一〇)時代に、儒教が体制思想となっていた。その朝鮮でも西欧国家をモデルにした近代化を目指す改革運動が起こり、一八八四年の甲申《こうしん》政変はその一つである。主導者の一人が、近代西欧思想の強い影響を受けた開化派知識人の朴泳孝《パクヨンヒョ》(一八六一〜一九三九)だった。開化派とは、朝鮮の近代化を目指した知識人集団のことである。朴泳孝は儒学の下で育ったが、近代西欧思想を知るとその影響を受けて開化派の一員になり、人間は生来固有の権利をもっているという考えをいだいた。「天が生民を降すのは、億兆みな同一で、生まれながら動かすことのできない所の通義(権利)を持っている」「通義とは、人が自ら生命を保ち、自由を求め、幸福を希《こいねが》うことで」あり、これは他人が如何ともできないという主旨のことを述べている。これは福澤諭吉が説いた人間の基本的権利についての言説とほとんど同じである。この見地から朴泳孝は、儒教の下で朝鮮社会の支配的制度になった、両班《ヤンバン》(高麗と李氏朝鮮の特権身分の官僚)、中人《チュンイン》、常民《サンミン》、賤民《チョンミン》などの差別的な等級制度を廃止して、人々を平等に扱うことを訴えたのである。

朴泳孝は朝鮮の王朝国家についても言及し、現状を批判して国家と国民のあるべき関係を次のように説いた。

政府が民の税を取り立てることは、孜々汲々と民を保って国を護ることを本とし、これを官禄・治安・軍務・営繕・衛生・教育・救窮など、及び有功者を褒章することに用いなければなりません。…そもそも人民が税を出して奉公する本志は、一身と一家の幸福・安寧を保とうとすることです。故に政府たるものは、賢良を任命して民を保って国を護り、有識の君子を上の大夫に列し、無知の小人を下の隷に列し、俸禄はその品職に適するようにして各々その分に安んじさせれば、政治がよく治まり、民が頼って安んじるでしょう。(『朝鮮開化派選集』一二二、一二三頁)

国民が税金を払うのは、それによって政府が国民の生活をまもるためだということの主張は、西欧国家の国民主権に依拠したものである。とはいえ、朴泳孝が説いた国家論は、国民の権利を基礎にした国民国家ではなく、国王がいかに国民(臣民)のためを想って統治すべきか説いたものだったことに留意する必要がある。このことを示す朴泳孝の言説として「国を制《おさ》めて、軍を治めるには、礼をもってこれを教え、義によってこれを励まし、兵と民に恥を持たせるべきです。故に民が己を愛して恥を知り、これを押し広げて国を愛するに及べば、身を保って国を護ることができます」という儒教の精神をもとに述べたものがある。この点で、朴泳孝は康有為と同様に、近代西欧思想に共鳴しながらも、自国の体制思想の儒教に依拠した改革を考えた近代主義者だったのである。

朝鮮の開化派知識人の政体論

朴泳孝とほぼ同じ頃に啓蒙思想活動を行った言論人に兪吉濬《ユギルチュン》(一八五六〜一九一四)がいた。慶應義塾とアメリカの大学に留学した経歴をもつ彼も、朝鮮の近代化に努めた開化派知識人の一人で、福澤諭吉が書いた西欧諸国の事情を紹介した『西洋事情』をベースにして、朝鮮の人々を啓蒙するために『西遊見聞』を書いた。近代西欧思想の影響を受けた兪吉濬は、専制君主制よりも立憲君主制が優れているとして、その理由を次のように述べた。

政府の一たび定めた制度は、人君と百姓(民)が同じく守り、敢えて是れを犯すことが無く、良法と美政を新たに定めれば亦君臣が共に遵う故に、暴君と奸臣が相遇しても、其の虐政と苛法を恣行することができない。そうして人民は各々其の業に安んじ、事を勉めて一家の栄華を営求するのみならず、国人が各々其の重きと自任して、進取する気像と独立する精神をもって政府と心を同じくし、力を協せて其の国の富強する機会を図謀し、文明の規模を講究する。(月脚達彦『朝鮮開化思想とナショナリズム』八〇頁)

これは、立憲君主制の法治国家の下で君臣が一体になることを説いたものである。しかし、ここでも留意すべきは、この言説が国民を重視することを論じながらも、朴泳孝と同様に王朝国家の君主の存在を前提にして、君主の善政を説いたものだったことである。朝鮮の知識人のあいだには、ある意味では中国以上に、儒教思想が深く根を下ろしていたことがわかる。

とはいえ、伝統思想に依拠することなく、西欧国家型の立憲君主制を導入することを唱えた知識人もいた。尹孝定《ユンヒョジョン》(一八六〇〜一九三九)はその一人である。日本が日露戦争(一九〇四〜〇五)に勝利して朝鮮の植民地化を進めた際、その動きに反発して自立をまもるために「大韓自強会」が設立されて、朝鮮を近代化するための啓蒙思想運動が起こったが、尹孝定はその指導者でもあった。尹孝定は君主制の是非には触れることなく、憲政はその根源が自治精神にあるので、憲政の採用は世界の大勢であり、文明の精神であり、自然の帰着であり、真理の趨向《すうこう》であるとして立憲制を導入することを説いている。

他方では、朝鮮でも、康有為と同様に、儒教の精神で大同世界をつくることを唱えた知識人がいた。

現在の二〇世紀は西洋文明が大発展した時期だが、次の二一世紀は東洋文明が大発展する時期であり、孔子の道がどうして地に落ちようか、全世界にその光輝を大頭する時期になるという言説が残っている。

天道教の地上天国論

これとの関連で注目されるのは、朝鮮でも伝統思想をもとにした宗教団体がつくられて、王朝国家批判と人間平等思想が唱えられたことだった。この主張の基礎になったのが、古代に起こった、歌舞によって人々の除厄招福を行うことを目的にした天神信仰である。中国から儒教が伝わると、これが政治的概念に転化して、支配者と結びついた天命という観念が生まれ、一六世紀に天と人民が結びついた観念が形成された。ある儒学者が、「王者は民を以て天となし、民は食を以て天と為す」と唱えたことが、これを語っている。

そして近代に朝鮮にキリスト教が伝わると、それは西学《せいがく》と呼ばれたが、これに対抗するかたちで、一八六〇年頃にアジアの独自性を説いて人を天のように敬えと説いた、儒教や仏教などの要素を取り入れた思想である東学《とうがく》が唱えられたのである。東学は、朝鮮の民衆宗教をもとにした思想であったのと同時に、人間の平等と主体性を求める思想でもあった。それは、これまで朝鮮の国家と社会を支えていた思想を、封建的であるとみなしたからである。ただ、そのような性質から、東学は西学（キリスト教)とともに政府に弾圧された。

その後、朝鮮支配をめぐって戦われた日露戦争によって朝鮮が社会的混乱に陥った一九〇五年、東学の第三代教主の孫秉熙《ソンビョンヒ》(一八六一〜一九二二)が、東学を継承しながら、「人すなわち天」を根本宗旨に、地上天国の実現を目指す天道《てんどう》教を唱えた。教団は最盛期には教徒が三〇〇万人いると称して、一大社会勢力であることを誇ったが、日本が朝鮮を植民地にすると弾圧された。

ともあれ、朝鮮の伝統民族文化を基盤にした天道教は、中国の太平天国と似たような構図をもったものであり、ここにも、中国社会と朝鮮社会の類似性がみて取れる。

タイ人官僚の立憲国家論

東南アジアで唯一独立を維持したタイでも、近代化改革が起こった。欧米諸国の植民地化の危機が迫った一九世紀後半に、国王のチュラロンコン(ラーマ五世、在位一八六八〜一九一〇)が西欧国家に倣った近代化改革を断行したのである。ただ、王朝国家体制の下で専制統治を行っていた国王にとって、近代化は副作用をともなった劇薬と言えるものだった。というのは、近代国家を担う人材育成を目的に、政府が欧米諸国へ留学に派遣したタイ人若手官僚のあいだで、政府の意図に反して、専制王制にかえて立憲君主制を目指す動きが起こったからである。この動きの中心になったのが、フランスに派遣された政府留学生であり、彼らは一九二七年にパリで人民党を結成し、帰国後の三二年に立憲革命を起こして、国王から実権を奪って立憲君主制へと変えたのである。人民党の革命宣言が唱えた国家像は、西欧国家をモデルにしたものであり、次のように主張した。

人民諸君！　我が国は人民のものである。王のものではない。…人民党は、議会を設け多様な意見を交換する方法によって問題を解決する方が、一人の考えによるよりもよいと考える。人民党は王位を簒奪するつもりはなく、現国王を憲法に拘束され人民代表議会の承認の下に行動する立憲君主として招きたい。…

正装した国王チュラロンコン

人民党はすでに基本原則を定めている。すなわち、(1)国の政治・司法・経済面等の独立、(2)国内の安全維持、犯罪の減少、(3)人民の経済的福利厚生増進、新政府はすべての人民に職を与え、国民経済計画を策定して人民を飢えさせない、(4)人民に均しく権利を与える、王族も人民も同一の権利、(5)前の四原則に反しない限りで人民の自由権享受、

（6）人民へ十分な教育機会を開く。（『世界史史料　第一〇巻』二八七頁）

これが立憲革命であり、これによってタイは、仏教徒の国王が君臨するという体制に変わりはなかったが、統治権が軍人と官僚の手に移り、専制王制から立憲君主制に転換したのである。植民地化を免れたタイで西欧に倣った近代化改革が進められた点は、日本と同じであるし、新生国家のモデルが西欧国家であるという点でも同じだった。ただ、その後のタイでは軍の独裁、すなわち軍政が行われることになる。これについては次章で検討する。

インドネシアのハッタによる民主主義論

オランダ植民地のインドネシアで、スカルノと並ぶ独立運動指導者として登場したのが、モハマッド・ハッタ（一九〇二～八〇）である。スマトラ中部に生まれたミナンカバウ人のハッタは、イスラーム社会で育ったムスリムだが、オランダ語による教育を受けると、一九二一～三二年の一一年間オランダに留学して、当地で独立運動に目覚めたのである。ハッタの独立運動を支えた意識は反西欧と反植民地だったが、しかし、独立後のインドネシアの政治原理として、民主主義の妥当性を強く確信していた。次の言説がそれを物語っている。

われわれにとって、民族闘争の実際の多くは西欧大陸で実施されているものである。われわれが余儀なく西欧に一一年間いたことがすでに運命を決した。あそこでの闘争を行ないつつ、われわれは西欧人の闘争方式を学びえたのであった。それは、少しの装置があれば、この地のわれわれにも適用しうるものであった。われわれは、西欧人の闘争が、労働者であると資本家であるとを問わず、理性的な基礎に立つものであることを学びえた。…われわれは、われわれが西欧の理性的精神によって影響されていることを率直に認める。（土屋健治『インドネシア　思想の系譜』一四六、一四七頁）

ここでハッタが繰り返し強調している理性は、近代西欧で生まれた啓蒙思想のキーワードである。ハッタはオランダ留学中に近代西欧思想の強い影響を受けて、民主主義がインドネシアにふさわしい国家原理であることを確信したのである。事実、インドネシア地域研究者の土屋健治は、ハッタは民主主義を語る際に、常にモンテスキュー以来の近代民主主義の発展史から説き起こしているが、これは西欧の英知を集めた民主主義がもつ普遍的な妥当性を確信していることを語るものだとみている。

ミャンマーのアウン・サンによる民主主義論

知識人が近代西欧の政治思想から強い影響を受けたのはミャンマーも同様だった。一九四八年にイギリスから独立したミャンマーの独立運動指導者がアウン・サン（一九一五〜四七）である。アウン・サンは、独立前年の一九四七年に政敵の手によって暗殺されるが、同年に開催された独立準備会議で、独立ミャンマーの政治体制について次のように説いた。「民主主義がミャンマーの国家理念であるべきである。真の民主主義は、人民の同意に基づく国家が理論や実践において、人民の利益と国家の利益が同一化する場合のみ存在し得る」と。注目すべきは、なぜ国家がつくられたのか、国民主権の民主主義のどこが優れているのか、次のように語ったことだった。

人間社会にとって最低限必要な衣食住を満たすために生産活動がはじまり、その生産活動は生産者と消費者の関係を構築した。この関係は社会関係全体のシステムを発展させ、その結果、社会は複雑化し、様々な経済的階級が生まれ、相互の利益がぶつかり合うようになった。この社会における相互対立の調停者として登場したのが国家である。したがって国家というものは人々の共通の利益の擁護のために生まれたとみなすことができ、その保有する権力は社会から発生していると解釈すべきである。しかし、こうした国家に関する根源的理解は歴史の中で次第に姿を消していき、国家は少数の傲慢な人々によって擬人化されるようになり、社会とは完全に切り離されていってしまった。君主制はその典型を示しており、とりわけ王権神授説時代の君主制はその最たるものだと言える。近代に入って君主制は法律によってその権限を制約される立憲君主制となったが、現在においても君主らは自分たちの恣意的な目的のために人々の力を利用することができる状況にある。我々はあくまでも国家が社会から発生したのだという根源的認識に戻り、君主制とは正反対に位置する人民主権の考え方を選ばなければならない。当然その考え方を生かそうとすれば共和制が求められることになる。（根本敬『アウン・サン』一七六〜一七七頁）

アウン・サンは、国家の起原を、社会契約説をもとに説き起こし、王朝国家の専制を批判して、西欧国家の共和制が国家と社会関係における正当な姿であると説いたのである。このアウン・サンの民主主義論は、決して単なる理念を語ったものではなく、翌年に独立が約束されていたこと、それが実行されて自分たちの国家をもったことから、ほぼ現実に近いものだったのである。事実、ミャンマーは独立すると民主主義体制で出発した。ただし、次章でみるように、民主主義は厳しい試練に直面することになる。

7 植民地国家の時代における政治思想の特徴

本章では、アジアの知識人が、自分たちの言葉で国民主権や民主主義をどのように語り、自国の政治体制をどのように変革しようとしたのか、その言説を検討してきた。近代西欧思想に反発して、儒教やヒンドゥー教の教えをもとに、自国をつくりなおそうとした知識人もいたが、多くの知識人のあいだで、国家にとってのキーワードが、「天や神」から「国民主権と民主主義」に転換したのである。これが植民地国家の時代における政治思想の最大の特徴でもある。ここでは、その転換過程の検討と、なぜ転換したのかの要因を考えてみたい。

「天や神」から国民への転換

ヨーロッパ勢力がアジアを支配する目的でつくった植民地国家の統治が始まると、アジアの政治思想は歴史的変容を遂げた。その最大の要因は、植民地国家の下で西欧の政治制度や政治思想が流入したことにあった。植民地支配や宗主国への留学などを通じて、アジアの多くの知識人が西欧国家の政治について知ることとなり、自国の王朝国家とそれを支える政治思想の妥当性に対して懐疑心をもって批判するようになった。自国とは全く異なる原理をもった政治思想に遭遇したことで、国家観や理想とする政治思想が大きく変わったのである。アジア各地で連綿と続いてきた王朝国家とそれを支える政治思想が、ヨーロッパ勢力の進出と植民地化という新しい状況に全く対応できないものになっていたことの衝撃はとてつもなく大きかった。

政治思想をめぐる変化のうちでもっとも注目すべきは、誰が国家をつくったのか、誰が支配者を任命したのかに関する考え方の変化である。西欧からの影響を受け、王朝国家の時代に用いられた「天や神」を重視する考え方から、国民を重視する考え方へ、多くの知識人たちの考え方が変化した。その結果、アジアでも国民主権と民主主義を前提とした立憲君主制や共和制が唱えられるようになったのである。言うまでもなく、西欧の政治思想が流入したからといって、ただちにアジアでも国民主権や民主主義の体制が実現したのではなく、多くの地域では植民地国家の下で人々の政治行動は制限され、時には厳しい取り締まりがなされて政治的自由を享受する余地はほとんどなかったのが実情である。ただ、一部の知識人の頭のなかでの想いや、活字による言説でしかなかったなどという限定があったにしても、アジアはそれまでと全く違う政治思想を得て、これが第二次世界大戦後の独立国家を支える政治思想につながったわけである。その点で、この時代の変化の意義は非常に大きい。

この変化について述べている人物の一例として、合理主義精神と科学を武器に啓蒙思想活動を行った陳独秀を挙げてみたい。陳独秀は、王朝国家を支えた宗教の功績は、残虐な者を抑えて善を勧めることにあり、それゆえ人間集団にとって全く無益ではなかったとしながらも、宗教が政治社会に与えるマイナス影響が多いと考え、宗教が神権を迷信し、人智を塞ぐことは、その短所であるとして、もはや宗教は現状に適合しない、すなわち儒教が現在の進歩を妨げていると結論づけたのである。

かくして、王朝国家が盛んに利用した宗教、すなわち、「天や神」が支配者を任命したという見方が衰退し、近代西欧由来の国民主権と民主主義の思想がアジアの多くの知識人の言説に溢れ出るようになったのである。これは植民地化された国だけでなく、植民地化を免れた国も同様で、アジア全域を覆った歴史的大潮流だったのである。

転換をうながした要因

アジア政治思想史の観点から重要なのは、なぜ国民主権への転換が起こったのか、その要因は何だったのかという点である。結論を先に言えば、それはここまでみてきたように、アジアの「内発的」要因によるものではなく、ヨーロッパ諸国による植民地支配統治という「外発的」要因によるものだった。それについて、改めて相互に関連する二つの転換要因を挙げてみる。

一つは、欧米諸国によるアジアの植民地化である。これにともない、各地の王朝国家は完全に実権を失った。そのため、それまでの宗教に依拠した政治思想が機能停止を余儀なくされたのである。

もう一つは、植民地国家が統治の補助者とするために、一部のアジア人に西欧型教育をほどこしたことから、アジアに近代西欧の政治思想が流入したことである。植民地統治が本格化すると、西欧型教育を受けたアジア人の知識者層は、なぜ自国が植民地になったのかを自問した。まずは西欧諸国の軍事力が自国のそれを凌駕《りょうが》したからだという解に辿《たど》り着き、そこからさらに、なぜ西欧諸国がアジアを凌駕できたのかを考えた。そして、西欧諸国の文明、とりわけ科学と物質文明が優れているのはなぜかを考える過程で、科学と物質文明の発展を支えた意識や思想、国家体制の解明へと踏み込んだ。

ここから得た結論をもとに、植民地支配から自立する唯一の方策は、自国の社会と国家を西欧の政治社会理念と同じようなものにつくり変えることだと考えるに至り、国民主権などを前提とした国家への転換が目指されるようになったのである。このとき、それまでの王朝国家が用いていた政治思想が機能停止に陥っていたことは、はからずも追い風となったことだろう。

第二章のおわりに

それでは、なぜアジアでこの転換が自発的に起こらなかったのだろうか。その理由の一つは、王朝国家の下で、基本的に従来からの経済社会構造と、それを支えた政治思想が維持されてきたこと、これによって国内の政治社会の安定と持続が保たれていたことにあったのではないかと思われる。もちろん王朝国家の下でも、たとえば中国の宋で目覚ましい経済発展が起こったように、いくつかの国では農業生産の高まり、外国貿易の増大などによって経済社会変容が起こり、個人の自立意識も生まれたことは事実である。しかし、アジア全体としてみると、これは局地的で限定されたものでしかなく、基本的に伝統的社会構造や経済関係が維持されて「再生産」が繰り返される状態が続いていたのである。それゆえ、アジア内部から王朝国家の原理に挑戦する社会勢力や政治思想が生まれることがなかった。換言すると、アジア内部から政治体制の変革を求める「衝動」が起こることがなかったのである。

本章で検討した、日本の福澤諭吉や中江兆民、中国の梁啓超、陳独秀、胡適、インドのネルー、それに朝鮮やインドネシアなどの知識人の民主主義に依拠した言説は、近代西欧の衝撃を受けて、はじめて可能になったものだった。もちろん、これらの内容が実社会で実現するのは、第二次世界大戦後のことだが、植民地国家の時代に、一部の知識人の頭のなかで、来るべき国家像と政治体制についての「イメージ・トレーニング」が行われて、次の時代の下準備がされたことは重要な意味をもった。と同時に、民主主義が一部の知識人の頭のなかにおける「イメージ・トレーニング」にとどまって、現実の政治過程のなかで制度として鍛えられることがなかったことが、実際の独立時、多くの国が民主主義体制で出発しながらも、政治混乱に直面すると、変容したり崩壊したりした要因ともなったのである。

アジアにおける政治思想の変化は、決して専制から民主主義への「単線的発展」の道を歩んだわけではなく、独立国家になって多くの国で民主主義が実現するかたわら、それを批判する指導者や政治思想が登場して、アジアは新たな問題に直面することになっていくのである。それがどのようなものか検討することが次章のテーマである。

第三章

現代国家の時代
（1945年〜）

第二次世界大戦が終わると、独立した年に違いがあったものの、アジア各国は独立を回復し、植民地にはならなかった日本や中国、タイなども政治的自立を回復した。苛酷な独立戦争を強いられた国、熾烈な内戦や分離独立運動が起こった国、国家崩壊の危機に直面した国があるなど、決して独立と国家建設の過程はスムーズでも一様でもなかったが、ともあれ、独立や自立を回復すると、自立的な政治体制の下で新生国家の建設が始まった。

本章は、独立後のアジアの国について、政治体制がどのようなものであり、それを支える政治思想がどのようなもので、その特徴は何かなどをみていく。政治体制はさまざまであり、それぞれの政治思想も多様である。何よりもアジアの政治思想の基調になった民主主義も、諸々のかたちの民主主義が唱えられて、現在、混沌とした状態にある。

1　独立過程とさまざまな政治体制

アジア諸国の独立年が違った二つの要因

アジア各国は植民地支配から独立したとはいえ、一九四六年に独立したフィリピンから八四年に独立したブルネイまで、その独立年には約四〇年の開きがあった。なぜこのように大きな開きがあったのか、二つの要因が指摘できる。

一つは、アジアを植民地にした宗主国の姿勢である。第二次世界大戦後、欧米諸国は独立を容認した国と、認めなかった国の二つに分かれた。このうち独立を容認した国がイギリスとアメリカである。両国は第二次世界大戦が終わると、もはや植民地の時代ではないとして、基本的に独立を容認する姿勢を採った。この結果、一九四六年にアメリカ植民地のフィリピン、四七年にイギリス植民地のインドとパキスタンなどが、早い時期に独立して、民主主義体制でスタートした。

独立を認めなかった国は、フランス、オランダ、ポルトガルである。これらの国は、植民地支配は日本の東南アジア占領で中断したにすぎないと唱えて、独立を認めず、植民地を復活する姿勢を採った。そのため、フランス植民地だったベトナム（北ベトナム）とオランダ植民地だったインドネシアは、

国名	独立年	政体	統治形態
【東アジア】			
モンゴル	1946	共和制	大統領制と議院内閣制の併用
中国	—	共和制	中国共産党一党支配
台湾	（1949　分断国家）	共和制	大統領制（総統）
北朝鮮	1948（分断国家）	共和制	朝鮮労働党一党支配（金一族）
韓国	1948（分断国家）	共和制	大統領制
日本	—	立憲君主制	議院内閣制
【東南アジア】			
フィリピン	1946	共和制	大統領制
インドネシア	1945	共和制	大統領制
東ティモール	2002	共和制	議院内閣制
マレーシア	1957	立憲君主制	議院内閣制
シンガポール（マレーシアから分離独立）	1965	共和制	議院内閣制
ブルネイ	1984	立憲君主制	王政
ベトナム	1945（北ベトナム） 1976（南北統一）	共和制	ベトナム共産党一党支配
ラオス	1953	共和制	ラオス人民革命党一党支配
カンボジア	1953	立憲君主制	議院内閣制（人民党一党支配）
タイ	—	立憲君主制	議院内閣制（軍政）
ミャンマー	1948	共和制	大統領制（軍政）
【南アジア】			
インド	1947	共和制	議院内閣制
パキスタン	1947	共和制	議院内閣制
バングラデシュ（パキスタンから分離独立）	1971	共和制	議院内閣制
ネパール	—	連邦共和制	議院内閣制
ブータン	—	立憲君主制	王政
スリランカ	1948	共和制	大統領制
モルディブ	1965	共和制	大統領制

アジア諸国の政治体制の概要（2022年）（筆者作成）

ともに日本敗戦直後の一九四五年に独立宣言したものの、過酷な独立戦争を強いられた。インドネシアが実質的に独立したのは、オランダが国際社会の批判を浴びて独立を容認した一九五〇年のことで、ベトナムに至っては、最初にフランスと独立戦争(一九四六~五四)を、次いでアメリカとベトナム戦争(一九六五~七五)を戦うことを余儀なくされて、実質的な独立(分断国家の統一)は七六年のことだった。ポルトガル植民地の東ティモールは、一九七四年にポルトガルで起こった長期独裁政権に反対する革命と民主化で、ようやく独立の機会を得たが、七六年に、東ティモールはポルトガル植民地になる前は自国領だったと唱えたインドネシアの占領・支配下に置かれて、最終的に独立したのは二〇〇二年のことである。

もう一つの要因は、国内の政治社会の事情である。これは、独立に際して政府を担う政治集団が形成されていたか、それとも社会が分裂していて担い手集団が未形成だったか、という問題である。前者の代表国としてインドが挙げられる。インドは社会が、宗教、言語、地域などで多様に分節しているが、一八八五年に独立運動を担う国民会議派が結成され、二〇世紀前半にガンディーやネルーなど英語教育を受けた独立指導者が登場して、一九四七年の独立とともに、ネルー率いる国民会議派政府が統治を担った。これに対して、後者の代表国として、インドと同じイギリス植民地だったマレーシアが挙げられる。マレーシアは、土着マレー人、それに移民の華人(中国系人)とインド人の三つの民族集団の比率が拮抗するアジアの代表的な多民族型社会でもある。二〇世紀に入ると、三つの民族集団毎に独立運動が始まったが、第二次世界大戦が終わった一九四五年には、それぞれの集団が分裂していて、マレーシア全体を代表する政治集団は未だ形成されていなかった。そのため、第二次世界大戦後しばらく、どのような形態の政治集団が独立政府を担うのか模索が続き、三つの民族集団をそれぞれ代表する政党によって連盟党が形成されて、独立政府の担い手体制が確定するまで時間を要したことから、独立したのはインドから一〇年遅い一九五七年のことだった。

独立指導者の社会階層

独立運動指導者の社会階層も、現代国家の体制と関連をもった要素の一つだった。独立指導者には、王朝国家の王族など伝統的指導者もいたとはいえ、その数はきわめて少なく、ほとんどの国が植民地宗主国への留学など、西欧教育を受けたエリート、すなわち非王族の人々が中心になるものだった。

王朝国家の王族に属して独立運動を担った代表が、カンボジアのシハヌーク国王(在位一九四一～五五、九三～二〇〇四)、マレーシアのケダ州スルタン一族のラーマン(一九〇三～九〇)の二人である。とはいえ、シハヌークはフランス、ラーマンはイギリスと、ともに植民地宗主国に留学して西欧教育を受けている。

非王族の指導者は、大きく留学組と非留学組に分かれる。留学組は、インドのネルーとガンディー、パキスタンのジンナー、シンガポールのリー・クアンユー(一九二三～二〇一五)、インドネシアのハ

国名	独立の指導者	指導者の属性	独立直後の政体
カンボジア	シハヌーク国王	王族	立憲君主制
マレーシア	ラーマン	王族	立憲君主制
ラオス	ペサラート王子	王族	立憲君主制※
フィリピン	マグサイサイ	非王族（留学組）	共和制
シンガポール	リー・クアンユー	非王族（留学組）	共和制
ベトナム	ホー・チ・ミン	非王族（渡欧組）	共和制
インド	ネルー ガンディー	非王族（留学組）	共和制
パキスタン	ジンナー	非王族（留学組）	共和制
インドネシア	ハッタ スカルノ	非王族（留学組） 非王族（非留学組）	共和制
ミャンマー	アウン・サン	非王族（非留学組）	共和制

独立指導者の社会階層と独立直後の政体（筆者作成）
※ラオスは1975年に王政の廃止を宣言するまでは立憲君主制であった。

ッタ、フィリピンのマグサイサイ（一九〇七〜五七）など、植民地宗主国の大学に留学して、帰国後、弁護士や知識人として独立運動に関わり、独立後は首相などに就いた人々である。非留学組は、自国で西欧型大学教育を受けた人々で、インドネシアのスカルノ、ミャンマーのアウン・サンなどが、この代表である。

ここで、独立指導者が王族だったのか、非王族だったのかをみたのは、これが、植民地支配が終わると王朝国家に復帰したのか、それとも立憲君主制か共和制になったのかということと密接な関連があったからである。すなわち、独立指導者が非王族だったことが、多くの国が王朝国家に復帰しなかった大きな要因の一つだったのである。もちろん、植民地支配が終わると、世襲制と専制の王朝国家が復活した国もあったが、これは例外でしかなく、ほとんどの国が王制を廃止して共和制に、王制が維持された国も立憲君主制になった。これを示す例が、王族が独立指導者だったカンボジアとマレーシアで、専制の王朝国家ではなく立憲君主制になったことである。

かくして、独立国家になると、国家と政治の主役が世襲制の伝統的支配者(国王)から、国民が選挙を通じて選んだ人々(大統領や首相)へ、すなわち、主権者が国民に変わったのである。

民主主義国家と社会主義国家への分化

現代アジアの政治体制や政治思想がどのようなものかをみる上で重要な要素の一つが、独立に際して、民主主義国家と社会主義国家のどちらになったかということである。二つを分けた決定的要因の一つは、単純化して言えば、独立運動の主導権を民主主義を志向する集団が握ったのか、それとも社会主義を志向する集団が握ったのかということにあった。植民地国家時代、アジアの多くの国で独立運動集団として、民主主義を志向する民族主義者と、社会主義を志向する共産主義者の二つが登場し、独立運動を進めるかたわら、独立後の主導権をめぐって相互に競い合ったという背景がある。これは植民地ではなかった中国も同様である。

この結果、民族主義者が独立運動の主導権を握った国、すなわち、インド、インドネシア、フィリピンなどは、民主主義国家としてスタートし、共産主義者が主導権を握ったベトナムは、社会主義国家になったのである。周知のように、中国も社会主義国家の一員になったが、その経緯は次のようなものだった。清を倒した孫文率いる国民党は、中華民国の下で、形式性が強かったとはいえ民主主義を目指したが、一九二一年に結成された中国共産党は社会主義を目指し、二つの政治集団のあいだで激しい主導権争いが起こった。両党の抗争と内戦は、一九四九年に共産党が勝利して、社会主義の中華人民共和国が建国されたからである。

とはいえ留意すべきは、民主主義として出発した国でも、これからみるように、それが安定して持続した国が多くなかったことである。そのなかで、民主主義体制が持続した数少ない国の一つがインドである。独立すると国民会議派政府で始まり、一九九〇年代に、ヒンドゥー教を掲げるインド人民党政府への政権交替が起こったが、民主主義が基本的に維持されているからである。スリランカも、独立すると英語教育エリートがつくった統一国民党政府が主導する民主主義で始まった。その後、野党との政権交代が起こり、一九七〇年代になると、仏教徒のシンハラ人とヒンドゥー教徒のタミル人とのあいだで民族と宗教が絡まった苛酷な民族紛争が発生して、それは二〇〇九年まで続いた。ただ、少なくとも多数派のシンハラ人のあいだでは、基本的に民主主義が維持された。マレーシアも、一九六〇年代末に土着マレー人と移民華人の深刻な民族対立が起こり、一時期、憲法と議会が停止されたが、形式的ながらも民主主義制度が維持されている国の一つである。言うまでもなく、日本も民主主義体制を維持する国である。

とはいえ、曲がりなりにも民主主義体制を維持したこれらの国で、深刻な政争や民族紛争が起こったこと(とりわけスリランカ)、それに一時期、権威主義的統治が行われたこと(インドとマレーシア)は、アジアの民主主義が不安定な政治社会基盤の上にあることを物語っている。

クーデタで軍政に転換した国

アジア全体でみると、民主主義体制を維持した国は例外的でしかないと言える。民主主義体制で出発したものの、民族対立などを原因に政党政治が混乱するとクーデタが起こり、軍政へと転換した国が少なくないからである。オーストラリアの東南アジア史家のアンソニー・リードは、東南アジアを念頭に置いて、これを「民主主義の短い春」と呼んだが、これは東アジアや南アジアなど、アジア全体に当てはまる。いくつかの例を挙げてみる。

韓国は民主主義体制で出発したが、大統領の統治が独裁化し、一九六〇年に学生革命により大統領独裁政府が崩壊した。しかしその後、民主政府が混乱をきたすと、翌一九六一年に軍人朴正熙《パクチョンヒ》(一九一七〜七九)が指導するクーデタが起こり、軍政になった。

ミャンマーも、多発する分離独立運動などを一因に政党政治が混乱すると、一九六二年に軍人ネ・ウィン(一九一一〜二〇〇二)が指導するクーデタが起こり、軍政に転換した。

パキスタンも政党政治の混乱が続いた一九五八年、そして七七年にクーデタが起こり、軍政になった。一九七一年にパキスタン(西パキスタン)から分離独立したバングラデシュ(東パキスタン)でも、七五年、八一年と、相次いでクーデタが起こり、軍政国の仲間入りをした。

インドネシアも、当初は議会制民主主義が採られたが、政党政治が混乱すると、一九五九年にスカルノ大統領が議会制を否定して大統領独裁を開始した。そして、スカルノ独裁体制を支えていた軍とインドネシア共産党が衝突した一九六五年の「九・三〇事件」を契機に、軍人スハルト(一九二一〜二〇〇八)が権力を握り、実質的に軍政になった。

ここで注目すべきは、多くの国ではクーデタは一回や二回に限定されたが、パキスタン、バングラデシュ、ミャンマー、それに伝統的に軍の力が強大なタイは、クーデタが頻発して民政と軍政のサイクルが繰り返されて、民政の時期よりも軍政の時期が長いことである。

変転するカンボジアの国家体制

上述のように、アジアには独立後、政治体制が転変した国が多いなかで、その代表とも言える国としてカンボジアが挙げられる。その体制の変転過程は次のようなものだった。

一九五三年にフランスから独立すると、国王シハヌークが政党をつくり首相に就任して「カンボジア王国」として出発した。しかし、アメリカと北ベトナムが戦ったベトナム戦争がカンボジアにも波及して、シハヌークが親中国姿勢に転じると、一九七〇年に親米の軍人ロン・ノル(一九一三〜八五)がクーデタを起こして実権を握り、軍政の「クメール共和国」になった。一九七五年にベトナム戦争が終わると、親中国のカンボジア共産党が権力を握り社会主義国家の「民主カンプチア」になった。権力掌握後、カンボジア共産党が民族の違いを理由に歴史的に対立していたベトナムへの対抗姿勢を鮮明にすると、一九七八年にベトナム軍がカンボジアに侵攻して共産党政府を追放し、親ベトナムのヘン・サムリン政府をつくって「カンプチア人民共和国」となった。

親ベトナム政府の誕生に対して、カンボジアの隣国で反共国のタイを先頭にASEAN諸国が反発し、国連が事態収拾のために介入すると、一九九三年に紛争当事者のシハヌーク国王派、中立派、親ベトナム派による連立政府がつくられて「カンボジア王国」になった。これでようやくカンボジア政治が安定して民主主義が定着するかと思われたが、一九九七年以降、連立政府の一員で、フン・セン(一九五一〜)率いる人民党が政治勢力を増大し、二〇一八年総選挙で議会の全議席を独占して一党独裁になった。

カンボジアは、独立後の五〇年にも満たない短期間に、王制、軍政、共産党独裁、隣国の支配、連立政府、一党独裁と、現代ある多くの政治体制を経験したのである。なぜ政治体制がかくも変転したのか。その最大の要因はベトナム戦争に巻き込まれたこと、それによってカンボジアを取り巻く地域内外大国のベトナム、タイ、中国、アメリカのその時々の思惑や戦略に翻弄されたことにあった。このように、カンボジアは、独立後のアジア政治が不安定であることを象徴する国だったと言える。

政治社会が混乱した二つの要因

なぜ、アジアでは多くの国で政治体制、とりわけ民主主義が安定して持続しなかったのか、その最大の要因として、政治社会の混乱が挙げられる。混乱した理由には、各国の個別事情もあるが、ここではアジア諸国に共通する要因を二つ指摘してみたい。

一つは、独立したとはいえ政治社会が一つにまとまることがなく、民族や宗教や言語や地域性などで分節・分裂していたこと、すなわち、多民族型社会であったことである。この背景には、ヨーロッパ諸国が各地を植民地にした際、それまでの王朝国家の領域とは無関係に隣接する国々をまとめて一つの植民地にしたこと、そして、独立指導者がこれを独立国家の領域として継承したことがあった。この結果、アジアの多くの国が、王朝国家の単一民族型社会から、現代国家の多民族型社会に転換したのである。国民を一つにまとめることは国民統合と呼ばれるが、それを進める一つの有力な方策が、言語が異なる住民を一つの言語、すなわち国語で統一して仲間意識をつくり出すことである。しかし、多民族型社会の国にとって、そもそも何を国語にするかということが難問だったのである。

もう一つは、民主主義で始まった国では議会制が採用されて選挙では政党が主役になったが、民族や宗教やイデオロギーなどで分節する多民族型社会で選挙をした場合、大半の国民は自分が帰属する民族集団の利益に従って投票する傾向が強いことである。植民地国家時代に民族や宗教などの社会分節をこえた英語教育エリートによって国民会議派がつくられて、同派が独立政府を担ったインドと違い、多くの国で政党は民族を単位につくられて、国民は自分が帰属する民族の利益をまもってくれる政党に投票するし、政党も議会での勢力を伸ばすことを目的に、国民全体の利益ではなく、支持基盤とする民族集団の利益に訴える政策を掲げるのが常だった。ここから、政党政治が混乱することは避けられないし、これに加えて、少なからぬ政治家が、社会の調和や政治の安定よりも私利私欲を優先する行動を採ったのである。

主にこの二つの要因によって議会制民主主義が混乱して政治社会が不安定になり、政治体制の変転がやむことがなかったのである。

国家目標と政治体制との関連

政治体制の転変に密接に関わりがあるもう一つの重要な要因として、国家目標が挙げられる。国家目標とは、独立後、国家建設に取り組んだ際に、その最大の目標として掲げたものである。ここでは各国の個別の国家目標ではなく、アジア諸国に共通する国家目標がどのようなものだったのかをみることにする。大きく四つの時期に区分できる。

第一期が一九五〇～六〇年代で、共通の国家目標が国家統合と国民統合である。国家統合とは独立時の国家領域をまもり維持すること、国民統合とは民族や宗教や言語が異なる国民のあいだに、たとえそれが違っても、同じ国の人間であるという仲間意識を醸成することである。これらの目標が掲げられた背景には、ここまででみたように、ほとんど国が、複数の民族と宗教を抱え、地域性も多様な多民族型社会だったという事情があった。そのため、独立すると多くの国で分離独立運動、それに民族対立や宗教対立が起こり、独立時の国家領域の維持と国民の融和が最大の課題になったのである。ほとんどの国が何とか分離独立運動や民族紛争を抑えることができたが、それを達成する手段として、軍の強制力で抑え込んだという問題もあり、これが軍政や権威主義体制になりやすい理由であることは、説明するまでもない。

第二期が一九七〇～八〇年代で、共通目標が経済開発である。国家統合の問題を曲がりなりにもクリアすると、植民地国家の時代にほとんどの国が貧困状態に突き落とされたことから、国民の生活レベルの向上、そのための国民経済の強化が目標になった。ここから少なからぬ自由主義国家で登場したのが、開発を前面に掲げた、権威主義的統治を行う開発主義国家だったのである。開発と成長を達成する手法として、国民に対する厳しい政治管理と国家主導型開発が行われたという問題があったものの、一九八〇年代後半になると、多くの国が経済発展を遂げて、この課題をクリアした。ここでの体制がたとえ民主主義を掲げたとしても、非自由主義型であったことは明らかである。

第三期が一九九〇年代で、共通目標が民主化である。これは、開発主義国家や、軍政・独裁などの権威主義体制の国を民主化することである。フィリピン、韓国、台湾、ミャンマー、インドネシア、そして中国など、多くの国で民主化運動が起こった。この背景には、一九七〇年代に世界的規模で起こった民主化の波が、アジアに波及したこと、開発主義国家の下で経済開発が進むと、都市中間層と呼ばれる大学教育を受けた比較的高い所得を得る集団が形成されて、彼らが民主化の担い手集団になったことがあった。この結果、非民主主義体制の国が依然として残ったものの、多くの国が少なくと

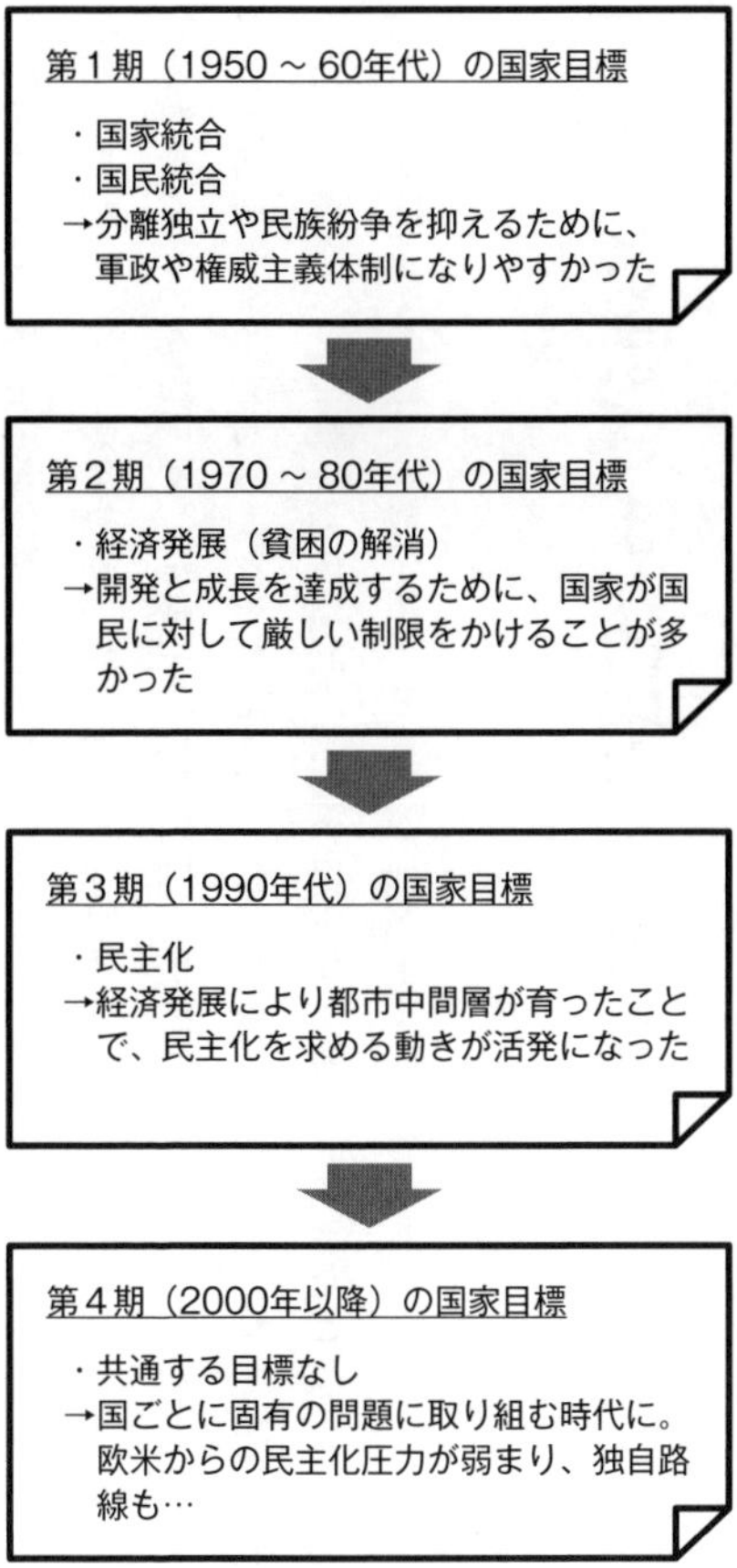
第１期（1950～60年代）の国家目標
・国家統合
・国民統合
→分離独立や民族紛争を抑えるために、軍政や権威主義体制になりやすかった
第２期（1970～80年代）の国家目標
・経済発展（貧困の解消）
→開発と成長を達成するために、国家が国民に対して厳しい制限をかけることが多かった
第３期（1990年代）の国家目標
・民主化
→経済発展により都市中間層が育ったことで、民主化を求める動きが活発になった
第４期（2000年以降）の国家目標
・共通する目標なし
→国ごとに固有の問題に取り組む時代に。欧米からの民主化圧力が弱まり、独自路線も…

アジア共通の国家目標の推移

も形式的には、民主主義体制になったのである。

第四期が、二〇〇〇年以降の現在で、共通目標と言えるものがなくなった時期である。経済開発がいまだ進んでいない国や、権威主義体制の国も依然として少なくないとはいえ、経済開発や民主化がアジア共通の課題であることを終えて、それぞれの国が抱える固有の問題に個別に取り組むことになった。ここから、冷戦終焉後は欧米諸国の民主化圧力が弱まったこともあり、どのような政治体制にするのか、多くの国で「裁量権」をもつ余地が生まれたのである。

2 さまざまな民主主義論

アジア型民主主義

ここまでで簡単にみたように、独立後のアジア諸国の政治体制は一様ではなく、国によって、そして同じ国でも時期によってさまざまである。これを反映して、現在、アジアは民主主義が政治体制の基調になりながらも、自由主義型民主主義だけでなく、独特なアジア型民主主義、それに権威主義や軍政や共産党独裁が唱える民主主義、すなわち、「反自由主義型」民主主義もあり、さまざまな民主主義が唱えられている。以下では、自由主義型民主主義に反発して批判や否定をする、「反自由主義型」民主主義の言説に焦点を当てて、その論理や主張がどのようなものかをみることにする。

諸々の「反自由主義型」民主主義のなかで、その代表とも言えるのがアジア型民主主義である。ただ、アジア型民主主義と言っても、一つのまとまった主張や言説のことではなく、アジア(自国社会)の特殊性を理由に、アジア(自国)では、民主主義は欧米社会のそれとは違う形態を採るという諸々の主張と言説を一括して、研究者がアジア型民主主義と名づけたものである。したがって、その主張内容は国によってそれぞれ異なるが、一応一つの共通性がある。それは、欧米型民主主義は個人の政治的自由と人権を基礎にするが、アジア(自国)では個人の政治的自由よりも、社会の調和と安定を優先するので、欧米型民主主義は適さないという考え方に依拠している点である。これは、民主主義のエッセンスは自由や人権ではなく、国民の選挙権、それに定期的に実施される大統領選挙や総選挙などの制度にあるとみていることから、選挙型民主主義と呼ぶこともできる。

ここでは、インドネシアの指導される民主主義、タイ式民主主義、パキスタンの基礎民主主義、シンガポールとマレーシアの開発型民主主義をみることにする。

スカルノの指導される民主主義

インドネシアは独立に際して、一九四五年に制定された憲法は大統領制と定めたが、オランダとの独立戦争が終結すると一九五〇年暫定憲法が制定された。その主な内容は、大統領の権限を制限して、議会に責任を負う内閣が統治を担うというものであり、これに基づいて首相が実質的な指導者である議会制民主主義が始まった。しかし、インドネシアが民族、宗教、地域性がさまざまに異なる人々からなる多民族型社会であることもあり、各地で分離独立運動が頻発し、共産党の武力反乱が起こったり、さらには宗教対立や民族対立もあって政党政治と議会制が大混乱に陥った

これをみて、スカルノ大統領は一九五七年に非常事態宣言を発令し、議会を停止して政党活動を禁止する措置を採り、欧米型民主主義は五〇プラス一の多数の専制であり、インドネシアには適さないと批判した。スカルノは一九五〇年暫定憲法を破棄し、大統領に強い権限を与えた一九四五年憲法に復帰して、指導される民主主義の名のもとに大統領独裁を開始したのである。「指導される」というのは、スカルノの英知に導かれるという意味であり、そこで掲げられたスローガンが、民族主義、宗教、共産主義の三つの団結を説いた「ナサコム」だった。

スカルノはなぜ欧米型民主主義を否定したのか。それはインドネシア社会に適合するものではないとみたことが最大の理由だった。すなわち、インドネシア民族は一つの家族という共通の理解の下で民族主義が成立したが、欧米型民主主義は、一つの家族であるインドネシア民族の分裂をもたらした、そのため、民族主義の本質に立ち返って家族主義を基礎にしたインドネシア型民主主義を構築する必要があると主張したのである。それではスカルノが言う家族主義とはどのようなものなのか、それは

次のようなものだった。

（毎年八月一七日の集会において）私はひとつの対話を行っているのである。誰との対話か。人民との対話である。それは私と人民の直接の応答であり、私自身と私の分身との直接の応答である。それは人間スカルノと人民スカルノの間の応答であり、ともに闘う仲間の間の応答である。それは本質的に一人である二人の仲間の間の応答である。…この八月一七日の演説草稿を準備するたびごとに、私はたちまち、ものに取り憑かれたようになるのである。その時、私の身体中に不思議な力がみなぎり、思考と感情が、精神と熱情とが渦巻き溢れでる。…なぜならば、この八月一七日の演説は私にとって諸君との対話でなければならないからである。この八月一七日の演説においてこそ、私はあばら家に住む者、露天に商う者、田や畑で働く者、これらの自ら語ることのできない者たちのその代弁者とならなければならないからである。（白石隆『ス

オランダからの独立を求める集会で演説するスカルノ

カルノとスハルト』九一～九二頁）

八月一七日はインドネシアの独立記念日である。インドネシア史研究者の深見純生によると、この言説は、スカルノが、自分は人民の気持ちをよくわかっているので、選挙という手続きを経て人民と大統領を仲介する議員を選出する代議制は必要ない、人民の意思を感得し、これを表現する英知をもった自分が、人民のために直接に政治を行う、これが指導される民主主義である、と主張したものである。このスカルノの姿勢は、王朝国家の霊感をもった巫女《みこ》、あるいは、現代のポピュリズムに類似したものであり、合法的支配に依拠するというよりも、カリスマ的支配に属するものである。指導される民主主義の名のもとの大統領独裁は、スカルノが失脚する一九六五年まで続いた。

タイ式民主主義

第二次世界大戦後のタイは、クーデタが日常化していた。その一つが、一九五七年に軍人サリット（一九〇八～六三）が政党政府の腐敗を理由に起こしたクーデタで、翌五八年にサリットは首相に就任した。サリットは権力を握ると議会制を否定し、「タイ民族・仏教・国王」の三つの要素がタイ国家の原理であると唱えて、軍政を開始した。

一九六〇年代になると、軍人指導者の一人、プラサートが、タイの政党は私利私欲を原理にする利益集団でしかなく、政党政治は腐敗と混乱を招いていると批判して、要約すると次のように述べた。「民主主義国家で政党政治を採用している国家は多いが、議会政治を行っている国家がすべて民主主義国家かというと、それは間違いである。むしろ、世界のそれぞれの国家が自分たちの伝統(王制など)と文化に適合した統治体制をもつべきである。それゆえ、タイにとって望ましい民主主義とは、国王を元首とし、政治指導者、つまり軍が国民の主権と利益を代表して統治する体制でなければならない」という内容である。これは、サリットが唱えたタイ国家の原理を受けたものであり、これによってプラサートは、国王を元首にして軍が統治するという、タイ式民主主義を定型化したのである。

サリットも、議会制民主主義は無秩序の源泉であるとして、タイ式民主主義を唱えた。なぜ専制君主の国王と、国民主権の民主主義が整合するのか。その理由として次のことを挙げた。古代からタイの統治においては国王はポー・クン(父王の意)であり、至高の父として国を統治してきた。これにならって言うと、県知事は地方国の父、村長は大家族の父、区長は家の父になる。われわれは、父親が子どもに接するように慈しみをもって国民に接し、彼らの面倒をみていかなければならないという主旨の内容である。これは、家父長制国家観に類似したものである。

サリットが唱えたタイ式民主主義は、タイ経済研究者の末広昭によると次の三つの要素が原理とされた。

①国王を元首とする政治体制の護持
②議会や政党に優越する政治指導者の存在(さまざまな階層・団体の利害を代表する政党政治家ではなく、国民を庇護する統治者としての政治家を重視する発想)
③この政治指導者による国民的利益の追求、もしくは社会的公正の実現

これらは、プラサートのそれよりも厳密にタイ式民主主義を定義したものであり、これを受けて、一九七八年制定の憲法に、「国王を元首にした民主主義」の条文が挿入された。

その後、一九七〇年代に起こった民主化によって軍政は一時期中断したが、九一年に再度クーデタが起こり、軍政が復活した。軍はクーデタの理由として、政党政治家の腐敗行為による国民への裏切り、政治家が清廉な文官を排除したこと、国家の利益よりも政治家の私益を優先させる議会独裁などを挙げたが、これはそれまでのクーデタで唱えられた政党政治批判と全く同じである。このことは、軍の眼からすると政党政治家の腐敗が少しも改善されなかったということを示している。

要するに、タイ式民主主義が唱えられた背景には、軍の議会制民主主義と政党政治に対する不満と批判、タイにはそれよりも重要な国家価値があるという意識があったのである。タイ民族、仏教、国王の三つの概念がそうであり、これは「ラック・タイ」と呼ばれる。これがタイをしてタイたらしめる礎とみなされて、タイの民主主義はこれと整合的でなければならないとされたのである。現在も軍

指導者のあいだでは、この考えが堅持されている。

パキスタンの基礎民主主義

パキスタンは、ヒンドゥー教のインドと分離してつくられたイスラーム教国家である。一九四七年に独立すると、第二章でみたように、建国の父ジンナー率いるパキスタン・ムスリム連盟(全インド・ムスリム連盟を改称)政府の下で民主主義体制として出発したが、翌四八年にジンナーは病死し、ジンナーの後継者も五一年に暗殺された。政府が弱体化して統治が混乱すると、一九五八年に軍人アユブ・カーン(一九〇七〜七四)が、政党政治の混乱を理由にクーデタを起こし、パキスタン・ムスリム連盟を解党させて軍政に転換した。

注目されるのは、カーンがクーデタを革命と称し、議会制民主主義にかえて、独特な基礎民主主義を唱えたことだった。この背景には、カーンの革命の目的は統治機構の再建、社会経済生活の混乱と不公平をなくすことにあり、革命によって民主主義を破壊するのではなく、パキスタンの民主主義を発展させることにあるという主張があった。カーンは、民主主義はそれ自体が価値目標なのではなく、ある目的を達成するための手段にすぎないと唱えたが、その理由は、欧米型民主主義を念頭に置いて何の修正もなく世界のすべての国に適用できる民主主義など存在しない、国民の大半が教育を受けておらず、政治家も信頼できないパキスタンでは、植民地宗主国イギリスから継承した議会政治は機能しないと考えたことにあった。

それでは、どのような民主主義がパキスタンに適合するというのか。カーンは、次の四つの要素を備えた民主主義を唱えた。

①理解しやすく、機能しやすく、運営コストが安いもの

②教育水準が低く、コミュニケーション手段に恵まれない有権者にも、理解できる政策の争点を提示するもの

③すべての国民が国政に関与していると実感できる参加形態を保障するもの

④強力で安定した政府の創出を可能にするもの

四つのうち、①は胡適の民主主義論に似ているが、④は権威主義体制(軍政)を正当化したものである。この考えの下、国内各地に村落協議会を底辺組織とした諸々の協議会がつくられたが、この体制は「統制された民主主義」と呼ばれた。

とはいえ、カーンは基礎民主主義の制度化を忘れていなかった。クーデタの翌一九五九年に、国民が選出した全国各地の代表約八万人(農村の有力者が多かった)だけに大統領や議会の選挙権を付与する制度を導入して、これを基礎民主主義と名づけたからである。この制度に基づいた選挙によって、

一九六五年にカーンは大統領に就任したが、実際には、国民のうち八万人（成年国民の八パーセントほど）が選挙権を与えられたにすぎなかったにもかかわらず、これがパキスタンの実情に適した民主主義であると唱えたのである。これを間接民主主義とみることもできなくないが、ともあれ、この制度は一九七一年にカーンの軍政が崩壊するまで続いた。

シンガポールとマレーシアの開発型民主主義

経済開発がアジアの多くの国の国家目標になった一九七〇年代になると、少なからぬ自由主義国家で、野党や国民の厳格な政治管理の下で経済開発を促進することを謳《うた》った体制が登場した。韓国、台湾、インドネシア、シンガポール、フィリピン、マレーシア、それに時期が早かったもののタイがそうである。この体制は、開発を国家目標に掲げ、権威主義的統治によって政治安定を創出し、国家主導型の経済開発を進めたので、開発主義国家と名づけられた。その目的は、開発によって古い社会を上から近代化することにあり、その特徴は、自由主義型民主主義を否定して、野党の抑圧や国民の政治的自由を制限することにあった。それにもかかわらず、指導者がこの体制は自国の実情に適合した民主主義であると唱えたことから、開発型民主主義と呼ばれたのである。

この体制の代表的な主唱者が、一九六五～九〇年にシンガポール首相を務めたリー・クアンユーである。リーが開発主義国家を構築した背景には同国を取り巻く特殊な状況があった。シンガポールは

リー・クアンユー

一九六三年にマレーシアの一州に加わってイギリス植民地を終えたが、加入直後にシンガポールでマレー人と華人の民族暴動が起こると、マレー人が多数を占めるマレーシア中央政府と、華人が多数を占めるシンガポール州政府が対立して、わずか二年後の六五年にマレーシアから追放されて独立国家になった。しかし、独立国家になったとはいえ、天然資源が何もない都市国家だったことが問題だったのである。ここから、リーは先進工業国と緊密につながった経済発展だけが、シンガポールが生き残る唯一の道である、それには、政府が強力な権限をもった体制が必要であるとして、開発主義国家をつくり上げたのである。

リーは、欧米型民主主義と経済発展の関係について「シンガポールの政府システムも変化しつつあるが、しかしその最終形態はアメリカ型やイギリス型ではない、…すべての国がそれぞれ独自の代表型政府のスタイルを作り出していかねばなりません。実際、欧米型民主主義のやり方を修正し、欧米とは異なる自国の環境に適応させせない国は、経済発展に成功しない」と述べた上で、「欧米諸国の民主主義は、共産主義に対する西側の思想的答えにすぎない。欧米諸国は欧米型民主主義と人権を人類共通の解決法であるとして、歴史や伝統や文化的価値や経済的条件を無視して世界中で推進している」

という主旨のことを語っている。リーはこれによって、開発主義国家を正当化しながら、欧米諸国が主導する民主化を批判したのである。

このようにリーは、アジアには欧米型民主主義を適用することができないと唱えたが、その根底には、欧米とアジアでは社会の構成原理が違うため、それをアジアに移植することはできないという考えがあった。リーは自分の主張の正しさを補強するために、次の例を挙げた。ある文化から個人を取り出して、他の文化のなかにばらばらに置くことはできる。すなわち、日本人や中国人を取り出してアメリカに放り出せば、一世代か二世代のうちにアメリカ人になることができる。しかし、アメリカの価値観を日本や中国に導入すれば、結果は全く違ったものになる。その原因は、文化の根は目にみえないが非常に深いので、簡単には変わるものではないという主旨のことである。要するにリーは、アジア社会においては民主主義も欧米とは違った内容になると唱えたのである。

マレーシアのマハティール(一九二五〜)も、開発型民主主義を唱えた一人だった。一九八一〜二〇〇三年にマハティールが首相を務めた際、マレーシアでも開発主義国家がつくられて、欧米型民主主義を厳しく批判した。ただ、その理由はリーとは少し違い、「欧米型民主主義は、政党の少数分裂、政府の弱い政治基盤などの制度的欠点があるために、強力なリーダーシップを生み出すことができない。また、欧米型民主主義の下ではマスコミ、労働組合、圧力団体、NGO、地方ボスが力をもっているので、これが一層、強力なリーダーシップが生まれることを阻んでいる」というものだった。マハティールは経済開発を促進するには、何よりも強力なリーダーシップが必要だと唱えて、権力を抑制する欧米型民主主義を批判し、開発型民主主義を正当化したのである。

リーと同様にマハティールも、経済開発との関連で民主主義を捉えた。マレーシアをはじめとして発展途上国では、「民主主義は目的のための単なる手段にすぎない。最終目標は経済開発と豊かな生活の追求を可能にする政治的社会的安定にある」としている。また、「それゆえ、民主主義はそれ自体に意義があるのではなく、もし民主主義が、国民の豊かな生活を高めるのに失敗したり、騒動が起こったり秩序の乱れが日常化したりしたならば、何の意義ももたない。民主主義と成長はあらゆる分野でともに手をつなぐべきであり、民主主義が成長を阻害してはならない。国民の民主的権利の行使は、社会の安定と国民の一般的福利よりも優先されるべきではない」という主旨の主張をしている。

リーとマハティールの言説から、開発型民主主義は、経済開発を促進するための「機能論」であると同時に、欧米社会とアジア社会の文化的違いを前面に出した「文化論」と読み取ることも可能である。

3　権威主義

中国の新権威主義論

韓国や台湾やフィリピンなどの開発主義国家が、一九八〇年代後半の民主化によって崩壊したなかで、同じ頃、中国で開発主義国家に類似した体制が出現して、それを正当化する言説が唱えられた。一九八〇年代に、鄧小平《とうしょうへい》（一九〇四～九七）指導の下で資本主義型経済開発（これは社会主義市場経済と呼ばれた）が本格化すると、八八～八九年にかけて、北京大学卒業後、党研究機関に所属する呉稼《ごか》祥《しょう》（一九五五～）などが、経済開発を促進するには、一人の最高指導者に権力を集中すべきであるという主旨の新権威主義を唱えた。

新権威主義の要旨は、中国のような伝統社会を近代化するには、トップへの集権とエリートによる政策決定が不可欠である、それゆえ、政治的ストロングマンと一部の政策集団による集権的指導を必要とするという内容からなる。具体的には、新権威主義が強調するのは政体ではなく指導者であり、新権威主義は指導者となる人物を際立たせるだけでなく、それと黙契《もっけい》する政策集団も重用すること、そして、英明な先見、果敢な行動、障壁を乗り越える力量、卓越した対応力を重視することが強調された。この主張では、指導者はストロングマンと呼ばれたが、これは上述のマハティールなど、経済開発を正当性に掲げて強大な権限をもち、テクノクラートの一群を登用した開発主義国家の指導者を念頭に置いたものだった。

興味深いのは、新権威主義は鄧小平に該当するだけでなく、現在の指導者の習近平《しゅうきんぺい》（一九五三〜）にも該当すると主張されていることであり、上海師範大学教授の粛功秦《しゅくこうしん》（一九四六〜）は、習近平が国家主席に就任した二〇一三年に、次のように断言した。

> 鄧小平を改革開放であらわれた新権威主義の第一波とすれば、それは新権威主義一・〇とでも言うべきである。そうであれば習近平の新政は改革開放以来にあらわれた新権威主義の第二波であり、二・〇と理解できる。一・〇と二・〇の違いはどこにあるのか。概括すれば第一波の新権威主義は政府がこの可視的手法を駆使して市場経済改革を始動させた。第二波の新権威主義は政府がこの手法を使って市場経済の改革を万全にして決定的にし、これまでの過程で直面した矛盾、すなわち政府主導の改革が招いた利益独占と利益の固定化現象の克服に努めている。…
>
> 新権威主義は当面中国が発展するためのひとつの段階であり、最終的な目標はさらに開放的で、民主的かつ自由な社会主義民主体制に向かうことだ。（張博樹『新全体主義の思想史』一〇〇、一〇一頁）

習近平の強力な指導のもとで中国が市場経済を原理にした開発に邁進《まいしん》しているという主張は、新権威主義が開発主義国家に類似したものであることを、よく語っている。中国共産党は一九四九年に権力を握った当初は、共産主義の実現を統治の正当性に掲げたが、冷戦が終焉《しゅうえん》した九〇年代以降は、開発と成長に変えたのである。そこでは、共産党の統治が政治安定をもたらし、それが経済発展の政治的保証になっていると主張されているので、この限りでは、現在の中国は開発主義国家と同じだとみることも可能なのである。

東南アジアの強権政治

二〇一〇年代になると東南アジアで、民主的選挙で選ばれた指導者が、権威主義的統治を行う国が増えたが、このような指導者はストロングマン、その統治手法は強権政治と呼ばれる。ただ、このタイプの指導者は、開発を掲げた開発主義国家の指導者と違い、軍との直接的なつながりもないが、その特徴は、一部の国民に対する人権無視などをいとわず、強権政治によって社会の治安や秩序を確保して多くの国民の支持を得ることにある。この点ではポピュリズムの側面をもっている。また、開発主義国家や中国の新権威主義とは違うとはいえ、ともに権威主義＝強権という共通性がある。

強権政治の代表とも言えるのが、フィリピン前大統領のロドリゴ・ドゥテルテ（一九四五〜）である。

ドゥテルテは二〇一六年に大統領になる前は、フィリピン南部のダバオ市長を務め、在任中に麻薬中毒者などを強権的に抑え込み、治安を回復して住民の絶大な支持を得た。フィリピン政治研究者の日下渉によると、支持を得た手法の概要は次のようなものだった。ダバオで麻薬をやって逮捕されると、ドゥテルテからひどく怒られるが、「二度とやるなよ」と説教されて、保釈されるときには一万ペソの小遣いをもらえる、しかし、三回目に逮捕されると、すぐに殺されてしまうというものである。ドゥテルテはこの手法、すなわち、温情と非情が混ざった手法を駆使してダバオ市の治安を回復し、住民の高い支持を得たが、治安を重視する富裕層や中間層だけでなく、貧困層や最貧困層からも支持を得たという。そして、大統領に就任すると、ダバオ市長時代の強権政治の手法を国政にも適用して、多くの国民の支持を得たのである。

民主主義の基本要件の一つである人権を無視する手法が、なぜ多くの国民の支持を得たのだろうか。その理由として指摘されているのが次のことである。ドゥテルテの秩序確保の手法が、明らかに人権を無視した超法規的な暴力の行使だったにもかかわらず、国民、とりわけ貧困層から支持を得たのは、彼らには、自分たちが不道徳な犯罪者からまもられた、救われたという意識があったこと、そして、富裕層のあいだでは、貧困層が救済される価値がある人々と、救いようのない人々に区分されて、後者を「処分」することもやむを得ないという意識があったということである。日下渉は、このような手法を駆使するドゥテルテの統治の正当性の源泉は、合法的支配者タイプではなく、温情と暴力で社会秩序をまもる家父長的支配者タイプであるとみている。

人権を無視する強権政治が問題なのは、ドゥテルテの超法規的暴力で秩序を回復した手法は、インドネシアのスハルト元大統領とタイのタクシン（一九四九〜）元首相が採用したものだったことにあり、タイでは、二〇〇三年に始まったタクシンの麻薬討伐作戦で約二五〇〇人が当局に殺害された。このことは、東南アジア（アジアと言ってもよいであろう）では、多くの国民が、民主主義が重視する人権や権利よりも、治安や秩序の維持が喫緊の課題であると受け止めていることを物語っている。厳しい見方をすると、自由と人権を説く自由主義型民主主義に対する国民の「不信任」とみることも可能なのである。実際にこれを示している例が、政府が掲げた政策方針にそぐわない国民を暴力的に排除したタクシンの手法に対して、タイ国民が、支持する者と支持しない者に二分されたことだった。タクシン時代に分断された国民の二分化は、現在も続いている。

4 軍政

韓国における軍政

一九四八年に北朝鮮との分断国家として独立すると、韓国は議会制民主主義で始まったが、六一年五月に第二軍副司令官の朴正熙が主導したクーデタが起こった。この背景には、韓国をめぐる地域政治の動きがあった。独立指導者で初代大統領に就任した李承晩《イスンマン》(一八七五〜一九六五)の統治がほどなくして独裁化すると、一九六〇年に学生革命によって打倒されて民主的政府が誕生した。この過程で一大政治勢力になった学生集団は、北朝鮮との南北対話と統一を望んだが、新政府がこれに対応できなかったことから、国民の不満を招いて社会混乱が高まった。朴正熙率いる軍は、このような状況で決起したものであり、民主的政府は一年ほどの短命で終わったのである。

権力を握ると朴正熙は、クーデタを軍事革命、実行グループを革命主体勢力と称して、国民に次のように訴えてクーデタを正当化した。

親愛なる愛国同胞のみなさん！　隠忍自重していた軍部は、ついに今朝未明を期して一斉に行動を開始し、国家の行政、立法、司法の三権を完全に掌握して、つづいて軍事革命委員会を組織しました。軍部が決起したのは、腐敗し無能な現政権と既成政治人らにこれ以上国家と民族の運命を任せておくことができないと断定し、百尺竿頭で彷徨う祖国の危機を克服するためであります。

軍事革命委員会は、第一に、反共を国是の第一義とし、今まで形式的でスローガンにのみ止まっていた反共体制を再整備強化します。…第三に、この国の社会のあらゆる腐敗と旧悪を一掃し、退廃した国民道義と民族正気を立て直すために清新な気風を振作します。第四に、絶望と飢餓線上で喘ぐ民の苦しみを早急に解決し、国家自主経済の再建に総力を傾けます。第五に、民族的宿願である国土統一のために、共産主義と対決しうる実力の培養に全力を集中します。第六に、このようなわれわれの課業が成就すれば、新鮮で良心的な政治人にいつでも政権を委譲し、われわれの本来の任務に復帰する準備を整えます。(『世界史史料　第一一巻』二〇四頁)

朴正熙はクーデタの理由を、議会制民主主義の機能不全、すなわち、政党と政治家の腐敗にあり、民主政では北朝鮮と対峙《たいじ》する国家危機を乗り切ることができないと訴えたのである。その後、一九六三年に選挙を実施し、朴正熙が大統領に選出されて形式的な民政に衣替えした。しかし、一九七〇年代初めに、冷戦の下で敵対していたアメリカと中国が急接近して、韓国を取り巻く地域情勢が激変すると、朴正煕は七二年一〇月に非常戒厳令を発令した。この行動は「一〇月維新」と呼ばれ、戒厳令とともに、議会の解散、政党活動の禁止、憲法の一部停止措置が採られ、あわせて、大統領に権限を集中する憲法改正を断行した。朴正煕は国民に対して、これは韓国の生存に必要な維新体制だと説いたのである。

維新体制は、民選大統領が議会制民主主義を自ら否定したものであり、典型的な軍政でしかなかったが、この体制の正当性は、韓国の安全保障問題に対処しながら、経済発展を推進することにあると唱えた。実際に、朴正煕がこの体制の下で経済開発を進めたので、維新体制の軍政は開発主義国家でもあったのである。ただ軍政は、革命宣言における約束と違って、事態が安定しても政治政治家に政権を渡すことはなく、民主化の波が韓国にも押し寄せたこと、それに開発の結果、都市中間層が生まれたことなどを要因にして、一九八七年に民主主義体制にかわったのである。

ミャンマーにおける軍政

ミャンマーは一九四八年に独立すると、第二章でみたように、独立指導者のアウン・サンが掲げた議会制民主主義の下で政党政治が始まった。しかし、国土中央部の平地に住む多数派の仏教徒ビルマ人、それに山岳国境地帯に住むビルマ人とは、民族や宗教が違うさまざまな少数民族(シャン人やカレン人など)からなる多民族型社会であることから、政党はそれぞれの民族を代表する組織として行動するのが常だった。これを一因に政党政治が混乱し、また、少なからぬ山岳少数民族が武力に訴える分離独立運動が頻発したことから、政治社会が大混乱に陥った。この事態に対して、一九五八年にネ・ウィン率いる軍がクーデタで権力を握り、五八〜六〇年の間、選挙管理内閣を組織して、政情がひとまず落ち着くと、統治権を政党に戻した。しかし、その後も政党政治が安定しなかったことから、一九六二年に再度クーデタを起こし、議会制民主主義を定めた憲法を廃止して本格的な軍政に転換したのである。

ネ・ウィンは、軍の介入理由として、政党政治や政治家の私利私欲行動のために政治が混乱したことから、政治を正常化することを挙げたが、これは議会制民主主義に対する軍の不信任でもあったのである。当初は革命評議会が統治する軍政形態が採られたが、一九七四年に民政に移管して、軍がつくった政党のビルマ社会主義計画党による一党独裁が始まった。注目すべきは、それより前の一九六五年に同党のサン・ユ書記長(一九一八〜九六)が、ビルマ国軍の役割を次のように説いたことだった。

ビルマ国軍は政治闘争のなかで生まれ、さまざまな武装闘争を経験してきた。しかし、一時期、国軍は自らの役割について「軍にとって政治は無関係である、…経済や社会についてもそれは国軍の仕事ではない、我々の唯一の義務は国防に尽きる」と考えていた。こうした狭い了見のために、国軍はそれまでの革命の遺産をほとんど失いかけるに至った。…しかし、ネィウィン将軍の指導により、…国軍は一九六二年三月二日以降、社会主義革命を担うことによって、自らの革命の遺産を取り戻したのである。(根本敬『物語　ビルマの歴史』三一〇頁)

要するに、軍はこれまで政党に統治を任せてきたが、政党は信頼できないので、かわって軍が統治することにしたのである。実権を握ると軍政は、「国軍だけが母、国軍だけが父、まわりの言うことを信じるな、血縁のことだけを信じよ」と国民に訴えた。ミャンマー研究者の根本敬によると、これは、国軍が国民全員の両親(血縁)であり、まわり(政党)は間違ったことを吹聴するからいっさい耳を貸さないで親の言うことだけを黙って聞けという意味だという。ここには、軍が国民の家父長であるという、王朝国家の支配者にも似た意識と、政党政治に基づく議会制民主主義がミャンマーの政治社会を悪くした、という批判意識が如実にあらわれている。

ネ・ウィン軍政は「ビルマ式社会主義」を掲げて統治を開始したが、しかし、社会主義建設と経済開発は少しも進まず、実態は、外国(欧米諸国)との政治、経済、社会交流を閉ざした「鎖国」でしかなかった。一九八〇年代末に民主化の波がミャンマーにも波及すると、アウン・サン・スー・チー(一九四五〜)を指導者にする民主化運動が起こったものの、ネ・ウィンにかわって別の軍人指導者が権力を握り、軍政形態に変わりはなかった。その後、欧米諸国からの民主化圧力もあり、新たな軍政は二〇一一年に総選挙を実施して民政に衣替えし、そして、一五年総選挙でアウン・サン・スー・チー率いる国民民主連盟が軍の政党を破り、翌年、民主的政府が誕生したのである。

二〇二一年のクーデタが意味するもの

民主的政府が誕生したからといって、ミャンマーで長期におよんだ軍の政治支配は終わったわけではなかった。二〇二〇年総選挙後の、翌二一年二月に、軍がクーデタを起こして国民民主連盟政府を追放したからである。クーデタの理由として一般的に指摘されているのは、軍が統治していたときに自ら憲法に定めた議会における軍の一定の任命議席、国防関連大臣に軍人を任命する規定、外国人の伴侶をもつ者は大統領に就任できない規定など、軍の政治関与を保障した制度について、国民民主連盟政府が選挙で国民に信任されたことを背景に、憲法改正して廃止するのではないかと懸念したためだったというものである。これに対して、軍が唱えた理由は、二〇二〇年総選挙における国民民主連盟の勝利は不正行為によるものだった、というものだったのである。

ノーベル平和賞受賞から21年後、2012年にようやく受賞スピーチができたアウン・サン・スー・チー

この主張の当否はひとまず置いて、軍の主張に従うならば、政党によって「歪められた」民主主義を、

軍が「正しい」民主主義に糺《ただ》すためにクーデタに訴えたことになる。このことは、それがたとえ名目的にすぎないにせよ、軍がクーデタの理由として、民主主義の守護者であることを唱えたということである。つまり、現代では軍といえども民主主義を掲げない限り、政治介入が容認されるものではないことを物語っている。自由で不正がない選挙によって指導者が選ばれる民主主義制度が望ましいという認識が、少なくとも理念の上ではアジアで普及していることを示すものであるとも言えるだろう。しかし、より重要なのは、実質的に民主主義を否定する行為が民主主義の名の下に行われたことであり、結局はどのような民主主義なのかが問題なのである。

5 王政

ネパールの王政

ネパールでは、一九五一年に国王が亡命先から戻ると、ネパール国民会議派政府が主導する議会制民主主義が始まったが、政党の抗争を一因に政権交替が頻繁で、政治が安定しなかった。一九五五年に就任した新国王は、政治の混乱を理由に六〇年にクーデタを起こし、政党を解散させ、議会を停止して王政を復活した。国王の行動に従うならば、クーデタに訴えた最大の要因は、議会制民主主義と政党政治の機能不全にあったことになる。

実権を握ると国王は、議会に代わって、一九五九年制定の憲法に基づいてつくられたパンチャーヤットと呼ばれる、村レベルから国家レベルにまでつくられた評議会(官製代表制度)を利用して統治した。これは、この制度の頂点に君臨する国王が上から統治するものであり、評議会を通じてとはいえ、王朝国家の専制統治とほとんど変わらないものだった。そのため、時代錯誤とも言える王政に対して政党と国民の不満と反発が高まり、一九九〇年に民主化運動が起こって、立憲君主制になり、議会制民主主義に復帰した。しかし、国民と政党勢力はこれで満足することなく、国王の個人的蛮行が批判を呼んだこともあり、二〇〇八年に王制を廃止して共和制になったのである。

ブルネイの王政

ブルネイは、一九八四年にイギリスから独立した国だが、現在、立憲君主制の下でボルキア(一九四六〜)国王の専制が行われている。ボルキアは、イギリスの王立陸軍士官学校で学び、一九六七年に国王に就任した、現代アジアでは数少ない王朝国家タイプの支配者である。

ブルネイでも、イギリス植民地時代の一九五九年に憲法が制定されて、議会選挙が実施されたが、六二年にマレーシアとの統合をめぐって一部国民の反乱が発生すると、非常事態宣言が出された。これにともない、憲法と議会の機能が制限され、一九七〇年には議会が解散されて、議員は国王の任命制になった。そして、独立すると議会が停止されて、国王自ら首相、財務相、国防相などを兼務し、一族が主要閣僚ポストに就くなど、実質的に王族が統治権を独占した。二〇〇四年に議会が再開されて、一部議員を選出する選挙が行われるようになったが、議会は名目的なものにすぎず、現在も王朝国家体制が続く、アジアで唯一とも言える国家である。一九九一年には、「マレー性・イスラーム教・王制護持」の三つがブルネイの国是に掲げられた。

なぜ現代でも、国民の政治参加を無視した王朝国家体制が可能なのだろうか。この背景には、ブルネイの特殊事情とも言えるものが指摘できる。豊かな産油国ブルネイの経済は、もっぱら石油収入に支えられているが、石油資源は国王の個人資産扱いであることから、国王の資産は厖大《ぼうだい》になる。国民人口が約四〇万人と少ないこともあり、国王はこの資産を国家運営の原資にして、国民に税金を課さず、義務教育も無償という統治を行っている。こうした状況もあり、国民のあいだで国王の専制統治に対する不満が大きくなる可能性がきわめて小さいのである。

ブルネイの例が示すことは、王朝国家は過去のものであり時代錯誤であるという批判や、国民主権の民主主義が望ましいという理念や言説だけで政治が左右されるものではないということである。ネパールのように、政治社会の構成員、すなわち、多くの国民が望まない限り、民主主義が政治制度として実現するものではないのである。

6　共産党独裁

現代アジアの独裁体制

アジアには独裁体制の国も少なくない。独裁は、王朝国家の専制に類似する概念だが、ここでは、一人の人物や支配的政党が、集中化された権力を行使して、国民大衆を一定の領域に限って参加させながら行う統治のことという意味で使っている。そのため、同じ絶対的支配でも、王朝国家の統治が専制、現代国家における統治が独裁になる。

ただ、現代国家の独裁には二つのタイプがある。一つは、個人独裁で、上述したブルネイの国王独裁がそうである。もう一つは、政党独裁で、中国の中国共産党、ベトナムのベトナム共産党、ラオスのラオス人民革命党、それに北朝鮮の朝鮮労働党の一党独裁がそうである。とはいえ、一党独裁は決して社会主義国家に特有なものではなく、自由主義国家の台湾でも一時期、国民党独裁が行われたし、現在のカンボジアも、実質的に人民党独裁が行われている。独裁は、三つの政治体制論からすると、基本的に全体主義体制に属するが、ここでは体制論ではなく、民主主義との関連で、中国、ベトナム、北朝鮮の一党独裁が唱える論理がどのようなものかをみることにする。

中国共産党

現代アジアの一党独裁の代表国として、中国共産党が統治する中国が挙げられることは異論ないと思われる。最初に起こる疑問は、なぜ国民主権下での一党独裁なのかにある。これについて、一九五六年に副主席だった劉少奇《りゅうしょうき》(一八九八～一九六九)が述べた理由をみることにする。それによると、中国は人民民主独裁を採用しているが、これはプロレタリア独裁のことである、中国ではプロレタリア独裁が不可欠であり、その理由は、プロレタリア政党の中国共産党を通じて、何の妨害も受けずに権力という武器を行使して社会主義を実現するためであるという。換言すれば、共産党の任務は、中国のプロレタリア、すなわち、労働者階級のために社会主義を実現することにあると唱えて、一党独裁を正当化しているのである。これは、見方によっては、民主主義国家で政党が国民にかわって民主主義を実現するという論理に似ているかもしれない。

これ以外にも、なぜ共産党独裁なのか説明した言説がある。共産党は第二次世界大戦中に、日本の侵略と戦うかたわら、中国支配の主導権をめぐって国民党と熾烈な抗争を展開した。その際、一九四三年に国民党指導者の蔣介石が「国民党がなければ新中国はない」と述べると、共産党は「共産党がなければ新中国はない」と反論したというのである。これは、中国支配の主導権をめぐる言葉の戦いだが、一九四九年以降の共産党独裁の正当性を語ったものとみることも可能である。すなわち、新中国をつくったのが共産党であるがゆえに、権力を独占的に行使することになるわけで、これはあとでみるベトナムと同じである。

中国共産党の統治は政党独裁タイプに属するが、毛沢東《もうたくとう》（一八九三〜一九七六）と鄧小平が最高指導者のときは、個人独裁の色彩がきわめて強かったことが指摘されている。事実、国民に向けた毛沢東思想の強調や、文化大革命の際に七億冊をこえる『毛沢東語録』が出版されて、王朝国家の支配者のように、毛沢東の神格化が行われた。より直接的にこれを示すのが、一九八九年の天安門事件後、江《こう》沢民《たくみん》（一九二六〜二〇二二）が趙紫陽《ちょうしよう》（一九一九〜二〇〇五）にかわって共産党総書記を継承したときに、鄧小平が江沢民に言ったとされる言葉である。それによると鄧小平は、「毛沢東が生きていた時は毛沢東がそう言えばそれで決まった、君はいつそうなるか、そうなれば私は安心だ」と述べたと言う。これは、毛沢東と鄧小平が実権を握っていたときは、政党独裁というよりも個人独裁と言えるものだったことを物語るエピソードなのである。

中華人民共和国建国宣言を行う毛沢東（1949年）

中国政治研究者の毛里和子は、毛沢東は、革命に成功して中華人民共和国を建国したときは、カリスマ型指導者だったが、その後の個人崇拝と神格化によって、伝統型指導者に行きついたとみている。これは、ソ連共産党がスターリン時代に個人独裁だったことと全く同じである。このことは、共産党支配が原理的に、一党独裁と個人独裁の二つの顔をもったものであること、その時々の党指導者の力関係によって、どちらかの顔になることを語っている。

毛沢東のプロレタリア民主主義論

開発主義国家や軍政の支配者が、特異な民主主義を正当性に掲げたことをみたが、これは共産党も例外ではない。一党独裁を正当化する政治理念として、独自の民主主義、すなわち、プロレタリア民主主義を掲げていることがそうである。中国の憲法は第一条で、中国は労働者階級が指導し、労働者・農民の連盟を基礎とし、人民民主独裁の社会主義国家と規定しているが、人民民主とはプロレタリア民主主義のことでもあり、統治能力をもたない労働者階級にかわって、革命家の前衛である共産党が、社会主義国家をつくることを指導するとされているのである。毛沢東は一九四九年に中華人民共和国が成立する直前に、人民民主独裁(プロレタリア民主主義)について次のように述べた。

人民とは何か。中国においては、現段階では労働者階級、農民階級、都市小資産階級および民族資産階級である。これらの階級は労働者階級と共産党の指導の下、団結し、自らの国家を作り、自ら政府を選び、帝国主義の走狗、つまり地主階級と官僚資産階級およびこれらの階級を代表する国民党反動派、その手先たちに対して独裁を実行し…（中略）…人民内部については民主制度を実行し、人民には言論集会結社などの自由権を与える。選挙権は人民だけに与え、反動派には与えない。（中兼和津次『毛沢東論』九六頁）

毛沢東は、欧米型民主主義は大衆を搾取する支配階級のためのものでしかなく、中国が採用すべき民主主義は、ソ連型のプロレタリア民主主義だと唱えた。では、それはどのような内容のものなのだろうか。プロレタリア民主主義が、欧米型民主主義とは異なるものであることをよくあらわすのが、国民の扱いである。すなわち、毛沢東は、九〇パーセント以上の人民内部では徹底的に民主主義を実行し、数パーセントの反動分子に対しては独裁を行って彼らの発言権を取り上げるとしたが、反動分子には、欧米型民主主義を唱える人々も含まれているからである。プロレタリア民主主義は、社会的出自や思想に関係なく、国民全員が一律に同じ権利をもつのではなく、階級出自によって政治権利が峻別《しゅんべつ》されていることが、特徴の一つなのである。

これに関連して、毛沢東は一九五六年に、欧米型民主主義のキーワードとも言える自由と民主について次のように語っている。世界には、具体的な自由と民主があるだけで、抽象的な自由や民主などない、抽象的民主を要求する人々は、民主を目的と考えて、手段とは認めない、民主は時には目的のように見えるが、実際には一つの手段にすぎない、マルクス主義は民主が上部構造に属し、政治という範疇に属することを教えている、それゆえ、民主は経済的土台に奉仕するものであり、自由も同じであるという主旨の内容である。毛里和子はこの言説について、毛沢東は、民主も自由も革命や大衆的な変革運動を達成するための手段とみていたとしているが、民主主義を目的達成のための手段とみるのは、先ほどみた開発型民主主義が、民主主義を開発と成長を達成するための手段とみたことに通底するものである。

代議制民主ではなく代表制民主

プロレタリア民主主義は、民主主義の形態についても、政党競争を原理にする代議制民主ではなく、共産党が主体的に人民の要求を汲《く》む代表制民主を採用していることが、欧米型民主主義との違いの一つに挙げられる。代表制民主とは何か、それを説明してくれるのが、これを理論的に支える一人で、清華大学教授の王紹光《おうしょうこう》（一九五四〜）である。王紹光は、アメリカのコーネル大学で政治学博士号を取得して、イェール大学で教えた経歴をもち、代表制民主が中国の人民の期待に沿ったものであるとして、次のように主張する。

第一に、中国人民は［米国とは］異なった形の民主を期待している。それはすなわち実質的な意義を有する民主であり、形式的な民主ではない。これは、民主を求める方法の問題である。第二に、中国は理論と実践のなかですでに異なった形の民主を育みつつある。それは代表制民主であり、代議制民主ではない。第三は、中国の政治体制はあれこれの問題をはらんでいるが、それは基本的に中国人民の期待に添うもので、中国の現体制は庶民のなかで比較的に高い正統性を有している。（張博樹『新全体主義の思想史』一四二頁）

これは、欧米型民主主義の代議制民主との比較で、代表制民主が優れたものであること、すなわち、共産党独裁を正当化した言説である。ただ、代議制民主では、国民が参加して定期的に実施される選挙を通じて、政権党の統治が国民の期待に沿ったものかどうか検証されるが、王紹光は代表制民主が基本的に中国人民の期待に沿ったものであると主張しながらも、それをどのように実証、あるいは検証するのか、その方法について触れていない。そこでは、国家の主権者とされている国民の意向は配慮されていないのである。王紹光は、中国共産党の統治能力についても、次のように称賛した。

この大国を統治するためには、権力が高度に集中した政府が必要だった。しかも国民党の治世からその模索がはじまり、党と国家を統一し、共産党が後に打ち立てた体制がすなわち党＝国家体制だったのである。この体制を認めようが認めまいが、中国の最初の問題を解決したのはこの党＝国家体制だったのであり、これがすなわち統治能力である。中国共産党がこの体制を確立し

てこの国土を統治できることは、一九五六年までにほとんど疑いがなくなった。(張博樹『新全体主義の思想史』一五二頁)

ここでも王紹光は、中国共産党が統治能力をもっていることをどのように検証したのか、あるいは、するのか触れていないが、欧米政治学の概念を駆使して、民主は形式ではなく実質が問題である、中国共産党は、実際の国家運営において統治能力があることを証明したとして、共産党の政治体制と統治を正当化したのである。

民主集中制

一党独裁を行う共産党の組織運営原理として、よく知られているのが民主集中制である。民主とは、党下部組織の徹底的な民主的討論を保障して、その結論が上部組織の決定に反映されること、集中とは、下部組織の民主的討論を踏まえて上部組織が一度決定したことを、下部組織は最大限尊重することである。中国共産党の党規約は民主集中制について、党員は党規約に服従すること、少数は多数に服従すること、下級は上級に服従することを定めているが、これは、ソ連共産党の組織運営原理を踏襲したものであり、ベトナム共産党も運営原理にしている。ベトナムの場合、一九九二年憲法と、九六年のベトナム共産党条例で、国会、人民評議会、及びその他の国家諸機関は、すべて民主集中制原則に従って組織され活動すると定めているからである。

興味深いのは、欧米型民主主義を否定して、民主集中制を強調するのは共産党だけではないことである。中国共産党のライバル政治集団の国民党を率いた孫文も同様の原理を唱えたが、ここでは、インドネシアの独立運動指導者スカルノの言説をみることにする。スカルノは、植民地国家の時代の一九三三年に、独立運動を主導する前衛党の任務に触れながら、民主主義と民主集中制について次のように述べた。

改良主義に傾く党員、改良主義に傾く思想、これらは徹底的に〝洗い落とされ〟なければならない。もし〝洗い落とし〟えない時には、容赦なく無慈悲に党内から追放しなければならない。諸君は反問するだろう。もしそうなれば、党内民主主義はなくなってしまうと。当然のことだ！〝あらゆる思想は自由で良い〟という意味で、党は民主的であってはならない。いっさいの〝主義〟が許容されるような民主的性格を持ってはならない。党はただひとつの思想と主義のみにかかわっている。…前衛党内で許容される民主主義は、通常の民主主義ではない。前衛党の民主主義は、外国語で民主集中制と呼ばれている民主主義である。これはその指導者に対して、逸脱分子を罰し大衆と党との関係を危険にさらすような党員ないし党派を追放する権限を与える民主主義である。（土屋健治『インドネシア　思想の系譜』一三五頁）

スカルノは共産主義者ではないが、自分の考えや主張と違う者は容赦なく排除する組織運営の原則は、中国共産党のそれとほとんど違わない。このことは、党や指導者と違った思想や考えを否定するのは、自由主義国家なのか社会主義国家なのかとは無関係であることを示している。留意すべきは、自分とは違う考えを否定・排除するのは、自由主義型民主主義とは全く違うものであること、政治体制で言えば、全体主義の特徴の一つなのである。

ベトナム共産党

ベトナムも一九七六年の南北分断国家の統一以降、ベトナム共産党の一党独裁が続いている国である。なぜ一党独裁なのか。ベトナム現代政治研究者の坪井善明によると、ベトナム共産党はその正当性として、次の二つを挙げている。

一つは、ベトナム共産党の武力による政権奪取＝革命という歴史的事実である。すなわち、ベトナム共産党の指導によって、対フランスの独立戦争（一九四六〜五四）、それに対アメリカのベトナム戦争（一九六五〜七五）に勝利したことで、現在のベトナム社会主義があるとして、共産党独裁を正当化しているのである。

もう一つは、ベトナム社会主義をまもるための共産党の存在意義と役割である。ベトナムは社会主義の実現を目指す革命運動のなかで、労働者・農民を中心にした勤労者階級の階級的利害を代弁する前衛党のベトナム共産党が権力を掌握して社会主義が誕生したが、しかし、その後も、反動勢力やブルジョワジー階級の階級利害を代表する帝国主義者や新植民地主義者が、ベトナム社会主義の転覆を目論んでさまざまな形の介入をしている。そのため、敵対勢力から勤労者階級の利益をまもるには、共産党が権力を一元的に行使する必要があるというのである。

ただ、ベトナム現代史研究者の古田元夫によると、ベトナム共産党の二〇一一年綱領では、統治、すなわち一党独裁の正当性の根拠は、国際関係の変化を受けて、今みた階級闘争や人民闘争ではなく、国家間の共存、協力と闘争、競争に重点を置いたものに変わっている。重要なのは、ベトナム共産党が唱える、ベトナム社会主義は共産党が主導した武力革命のなかから生まれたものであること、そして、誕生後は敵対勢力の介入を阻止するために、共産党にすべての権力を集中する必要があるという主張があるということである。これは中国共産党にもあてはまることである。そこでは、社会主義かどうかを決めるのは、国民ではなく共産党なのである。

朝鮮労働党

一九四八年に韓国との分断国家として誕生した北朝鮮も、中国やベトナムと同様に、朝鮮労働党の一党独裁が行われている国である。なぜ一党独裁なのか。その理由を説明してくれるのが、北朝鮮政治研究者の徐大粛の次の指摘である。それによると、北朝鮮を指導する機関は朝鮮労働党であり、朝鮮人民軍は党の軍隊で、政府は党の政策を履行する行政機構である、このようななかで、「党は北朝鮮の労働者階級と農民そして勤労インテリを構成分子とし、人民大衆と渾然一体をなす大衆党」であるという。徐大粛が、人民の主権を代表する最高人民会議ですら、党を左右することはできないと指摘しているように、朝鮮労働党は神聖不可侵の存在とされているのである。これは、王朝国家の支配者が天や神の名の下に、自分の存在を絶対化したことと同じであり、これを裏づけるのが、北朝鮮政治研究者の磯崎敦仁が、朝鮮労働党の正史は、北朝鮮を創設した金日成《キムイルソン》(一九一二〜九四)政権末期以降の版では、金日成の個人史であるかのごとく編纂《へんさん》されていると指摘していることである。

これらのことからわかるように、同じ社会主義国家でも、北朝鮮が中国やベトナムの一党独裁と違う点は、最高指導者が金日成一族に独占されていることにある。これは個人独裁というだけでなく、世襲の王朝国家に類似した特異なものと言えるが、磯崎は、北朝鮮では指導者の条件として、金日成個人に関わる「白頭の血統」や「万景台家門」が強調されて、金一族の血を引くことが支配者の正統性になっていると指摘している。なぜ現代において個人独裁で世襲制なのかという疑問が浮かぶが、徐大粛はその理由を、北朝鮮の指導者が唱える首領論との関連で次のようにみている。

「首領論」というものがある。どこの国にも思想と行動の統一のために首領がいなければならない。この首領の思想をもって武装しなければならない。党と人民は首領を中心に結束すべきだ、と主張するものである。かつて金日成は解放後、スターリンをソ連の首領と呼び、毛沢東を中国の首領と呼んでいた。ところが金日成が主体を立て、主体思想を体系化しつつ自主路線を闡明にした後のこと、北朝鮮では金日成を首領と呼び始めた。ソ連でスターリンを、中国で毛沢東を奉るごとく、金日成に仕えるようになっていった。このような首領論は何らかの新しい理論というよりは、社会主義国家において専制政治を行う独裁者を正当化し、彼らの指導権を正当化する方策であると見るべきである。（徐大粛『金日成と金正日』一四六頁）

この首領論は、なぜ社会主義国家では一党独裁と個人独裁が合体した国が多いのかについて、その理由をよく説明してくれる。すなわち、現在の国家の創設を主導した党の指導者が、絶対的存在であることから、支配形態が独裁につながるということである。

理念と実態の乖離

とはいえ、欧米型民主主義の国も含めて、どの国のどの体制にも言えることだが、制度には理念と実態の乖離《かいり》があることが少なくない。議会制民主主義に対して、それを担うべき政党が機能不全や腐敗しているという批判が出されているように、共産党が掲げるプロレタリア民主主義に対しても、理念と実態の乖離が著しいことが指摘されているからである。ここでは、民主集中制と国名の例でみることにする。

ベトナム現代政治研究者の坪井善明は、ベトナム共産党が理念として掲げる民主集中制の実態がどのようなものか、次のような興味深い観察を明らかにしている。

民主集中制は、下部の徹底的な民主的な討論を前提としているが、実際の所、この民主的討論が実施されていない。…伝統的な長老支配があって、若い者は自分の反対意見を年長者の前で公然と述べることができない雰囲気がある。…従って、実際には「集中」の側面だけが強調されることになる。具体的に言えば、組織として一度決定されたことは、その成員は無条件に従うことが要求される。…つまり、「民主集中制」といっても、実は「民主的」な側面は極度に少なくて、「集中」の側面が強く機能することになっている。…いつも上部の人の顔色をうかがい、上からの命令には内容を問わず服従し、ミスのないように執行するという官僚主義的態度が醸成されるのである。高度に近代的なはずの共産党組織も実態では旧態依然とした精神によって運営されているといえよう。(坪井善明『ヴェトナム現代政治』一二二、一二三頁)

坪井が観察したベトナム共産党の民主集中制における理念と実態の乖離《かいり》は、これは推測の限りでしかないが、中国共産党にも当てはまる、もっと言えば、すべての共産党独裁の国に当てはまるのではないかと思われる。事実、中国経済研究者の中兼和津次は、中国共産党が掲げる民主集中制について、一党独裁下の民主とは集中のための単なる「化粧まわし」にすぎない、と手厳しく批判している。もう一つ例を挙げると、中国の憲法は主権は人民に属すると規定しているが、これにも理念と実態の乖離があることは、指摘するまでもないであろう。ある制度がつくられて実施されたとき、理念と実態の乖離をどのようにみて取るのか、これは政治思想や政治体制だけでなく、あらゆる制度や言説にまとわりつく問題でもある。

国名については、北朝鮮の国名は朝鮮民主主義人民共和国である。このうち「朝鮮」は歴史的に固有な地域名称であり、「民主主義」と「人民」と「共和国」が、近代西欧で誕生した政治理念である。これは、北朝鮮は欧米型民主主義に反発しながらも、それを生んだ近代西欧の政治理念を使って国家体制を表現していることになる。問題は、北朝鮮が掲げる民主主義は、理念と実態の乖離が著しく、単に用語を借りたにすぎない側面がきわめて強いことにあり、先にみたように、個人独裁国家、というよりも王朝国家としての実態がこれを語っている。

事実、現代版王朝国家とも言える北朝鮮の体制に対して、徐大粛は次のように批判している。「金日成の長い統治期間によって、彼がつくった北朝鮮は彼の王国になってしまった。それは社会主義の共和国ではない。北朝鮮は孤立した国ではないが、明らかに閉鎖的な国である。国境は塞がれ、人民は自由に往来できない。このように外国との交流を遮断しながら、金日成は自らを人民の首領だと言った。しかし人民を封じ込め、己にのみ仕えさせるのでは、封建社会の首長である。社会主義を行う民主主義人民共和国の首領ではない」という主旨の内容である。これは、北朝鮮が国名と違い、「民主主義人民共和国」ではなく、実態は、世襲制の王朝国家と言えるものでしかないことを指摘した批判である。

7 民主化

アジアの民主化

欧米型民主主義に対して、少なからぬアジアの指導者のあいだで批判が起こったように、軍政や権威主義や共産党独裁に対しても、少なからぬアジアの国民のあいだで批判が起こっている。これが民主化であり、そこでの目標は、民主主義以外の体制を民主主義に近づけること、あえて言えば、最終的に欧米型民主主義にすることに置かれている。

そもそも、アジアの民主化は、アメリカの政治学者サミュエル・ハンチントンが名づけた、一九七〇年代に世界的規模で発生した「民主化の第三の波」を受けて始まったものだった。具体的には、一九八六年にマルコス大統領独裁のフィリピンで始まり、その後、国民党独裁の台湾、軍政の韓国、軍政のミャンマー、軍政が続くタイ、実質的にスハルト軍政のインドネシアなどに波及したものである。注目すべきなのは、民主化の波が波及したのは、自由主義国家だけでなく、共産党独裁の社会主義国家も例外ではなく、中国でも起こったことだった。この背景には、一九九〇年頃に冷戦が崩壊してソ連の共産党体制が崩壊したことがあった。現在、アジアには民主化運動が進められている国がいくつかあるなかで、ここでは、その事例として中国をみることにする。ただ、ここでの関心は中国で民主化がどのように展開されたのかという民主化運動の過程ではなく、民主主義の観点から共産党独裁を批判する理由や論拠がどのようなものかをみることにある。

党指導者・彭徳懐の民主主義理解

中国共産党が、自由主義型民主主義を否定してプロレタリア民主主義を唱えていることをみたが、覇権をめぐって国民党と熾烈な抗争を行っていた一九四〇年代に、人民解放軍元帥の一人で、党指導者の一人でもあり、建国後、国防相に就任した彭徳懐《ほうとくかい》(一八九八〜一九七四)は、民主主義とは自由主義型民主主義のことであると理解していた。一九四二年に次のように述べたことがこれを物語っている。すなわち、「民主精神とは何か、簡単に言えば、民主精神とは自由、平等、博愛の精神のことである。これはフランス革命以来、各国民主革命の共同のスローガンであり、進歩的な、正義感のある人々の一致した主張である」という言説である。これにとどまらず、自由とは、「思想の自由であり、言論出版の自由であり、集会結社の自由であり、居住と移動の自由である」とも述べた。

彭徳懐は共産主義者として、中国の現状は多くの農民が半農奴状態にあり、また、多くの労働者・学生が封建的慣習の束縛を受けているとみたが、この言説を額面通りに受け取るならば、共産主義者であると同時に、自由主義型民主主義の信奉者でもあり、これを原理に中国の変革を考えたことになる。ただ、彭徳懐は一九五九年に、毛沢東が進めた政策を批判して失脚した。

一九七〇年代末の民主化運動における言説

中国を大混乱に陥れたプロレタリア文化大革命(一九六六〜七七)が収束すると、一九七九年に共産党実力者の鄧小平が、資本主義型経済開発路線の改革開放を掲げて経済開発に邁進した。ここで注目したいのは、その前年の一九七八年秋から翌年の春にかけて大規模な民主化運動が起こったことであり、これが「北京の春」である。そこで唱えられた言説をいくつかみると、次のようなものだった。

北京動物園電気工の魏京生《ぎきょうせい》(一九五〇〜)は民主化運動の担い手の一人で、一九七八年に仲間とともに『探求』を創刊して、同誌で、一九五四年に当時の周恩来《しゅうおんらい》(一八九八〜一九七六)首相が提唱した、工業、農業、国防、科学技術の「四つの近代化」のスローガンを援用して、民主主義を第五の近代化に加えることを唱えた。この立場から、共産党の無役であるにもかかわらず実権を握って国家運営を指揮していた鄧小平を、民主主義かそれとも、新たな独裁が必要か、と厳しく批判した。魏京生のこの言説のねらいは、国民に対して、鄧小平が新たな独裁者になることを警戒するように喚起することにあった。ただ、魏京生は一九七九年に、国家機密を漏洩したとして逮捕・投獄され、釈放後も政府批判をして再度投獄されたが、九七年に釈放されるとアメリカに渡った。

中国科学技術大学で物理学を学び、中国科学院哲学研究所研究員で、趙紫陽元党総書記のブレーンだった厳家祺《げんかき》(一九四二〜)も、民主化運動の指導者の一人だった。厳家祺は文化大革命後に政治の研究を始め、民主主義は一種手続きの政治のことであるとして、共産党の統治を次のように批判した。「民主(政治)は正しい決定をするとは限らない。だが一定の手続き(選挙、罷免、免職、不審任、国民投票、任期制)をつうじて、比較的適切に誤りを正すことができる。このような決定のメカニズム、誤り修正のメカニズムをもつ政党や団体には民主がある」「民主政治は責任政治でもある。最高決定者は人民に対して直接、間接に責任を負わなければならない。中国では大躍進、文化大革命と次々に混乱が起こったが、誰も政治責任をとったものはいない」というのである。この立場から、厳家祺は鄧小平を、「歳老いて愚昧な独裁者」と批判した。しかし厳家祺も、一九八九年の天安門事件後にフランスへの亡命を余儀なくされ、同地で「民主中国陣線」を結成したが、その後、アメリカに渡った。

科学者の許良英《きょりょうえい》(一九二〇〜二〇一三)も、共産党の統治スタイルを厳しく批判した一人だった。許良英は、浙江大学在学中に共産党に入党して、地方の党幹部を務めた経歴をもち、その後、中国科学院研究員になった人物である。しかし、共産主義思想に疑念をもった許良英は、民主化と自由化運動に積極的に参加して、二〇世紀初めに啓蒙思想活動を行った陳独秀が唱えた「民主と科学」をスローガンに掲げて、共産党の統治を次のように批判した。

われわれの「いたるところで鶯が歌い、燕が舞う」極楽世界は、かえって神話と欺瞞のなかに生きる手立てを求めるしかなかった。この皮肉に富んだ鮮やかな対照は、科学と民主とが人類の現代文明の二大礎石であること、それこそ現代社会が発展する根拠、現代国家が生存するための内在的原動力であることを、とてもよく認識させてくれるのである。(王丹『中華人民共和国史十五講』四七六頁)

第二章でみた、陳独秀の近代西欧思想に依拠した啓蒙思想運動は、彼が共産主義者に転じたこともあり終わったが、その精神が、一九八〇年代に共産党独裁下で復活した、というよりも、中国政治社会の底流として流れ続けて、このときに地上に表出したのである。ただ、許良英も二〇〇一年に国内における言論の自由を奪われた。

北京師範大学講師で、文学博士の劉暁波《りゅうぎょうは》(一九五五〜二〇一七)も民主化運動者の一人だった。劉暁波は欧米諸国の大学で客員研究員をしていたが、民主化運動が高揚すると帰国し、天安門前広場でハンストを実行するなど運動に参加して、共産党の独裁を次のように厳しく批判した。「一党独裁の内部から、一党独裁に反対する勢力を探し求めることはできない」「多党並存の民主制をもって一党独裁に代え、私有制、市場経済をもって公有制、計画経済に代えてはじめて、それができる。多元化した言論と思想の自由をもって思想の一元化に代え」、西欧世界の「現代文化をもって中国の伝統文化に代えるべき」であるという内容である。

このように劉暁波は、共産党独裁にかわって、自由主義型民主主義と複数政党による議会制を訴えたが、天安門事件の際に反革命を理由に逮捕・投獄された。釈放後も中国にとどまって共産党批判と人権活動を続け、二〇一〇年にノーベル平和賞を授与されたが、再度におよんだ服役中の一七年に病死した。

党内部からの批判

注目すべきは、共産党の統治を批判する声が、共産党内部からも挙がったことだった。古参党員の李鋭《りえい》(一九一七〜二〇一九)は、その一人である。李鋭は、かつて毛沢東の個人秘書を務めたが、罷免されて投獄され、文化大革命の収束後に復権した改革派である。李鋭は『中国民主改革派の主張』(日本語訳の出版は二〇一三年)において、「中国人は改良を好まず、革命を求めた。しかし人の歴史の進歩は何によったのか。暴力によってではなく、改良によったのである。どうしたら改良が可能になるのか？　何に依拠するのか？　それは五四運動の中で提起された自由、民主、科学と法治である」という主張を行った。

李鋭の共産党批判はこれにとどまることなく、中国の王朝国家との関連でみた、共産党の特質にも向けられた。共産党支配は王朝国家の支配伝統の上に拠って立つものだとした上で、「中国は一個の如何なる民主の伝統ももたない国であり、また、自然科学の伝統をもたない国でもあり、西方とは違う。西方はギリシア、ローマから始まって、民主の伝統をもち、自然科学の伝統をもっている。これに対して中国の歴史にはこの二つの伝統がなく、あるのは皇帝と孔子の伝統だけであり、共産党はこの二つの伝統を一層きびしく結びつけた」という主旨の言説を残している。

李鋭は、この立場から、中国のあるべき政治体制として、人類社会の進歩を促進する普遍的価値の法則に照らして、すなわち、自由、民主、法治、憲政によって国を治め、人民に接すべきである、党と政府は職権を分離し、政府と企業を分け、法によって国を治め、憲政を実施しなければならないと唱えた。これは、中国が自由主義型民主主義を原理にすることを説いたものだが、しかし、李鋭の著作は二〇〇六年に発禁処分を受けた。

人権を求める市民の声

民主化運動では、市民社会運動を通じて、中国の伝統的政治文化を改革することを試みた人々もいた。その一人が、北京大学に所属して、市民社会団体の「公盟」を結成して運動を行った許志永《きょしえい》(一九七三〜)である。許志永は、二〇〇八年に次のように説いた。

中国が直面する改革は政治制度だけではなく、政治文化の改革もまた必要なのだ。現代政治は憲政制度とともに立憲主義を先頭で担う推進者がいて初めて制度の運用が可能になり、我々の世代がその役割を担うべきである。過去、政治に携わった多くの人々は人馬と鉄砲の数にたよったが、それは一種の暴力的な勢力であり、我々はその対極に立ってみずからの責任と負担で人の善良な部分を覚醒させ、それを社会の主流におき、暴虐を排除し、野蛮な暴力の伝統を徹底的に抑え込んで亜流とすべきである。これを基礎として、私たちの社会は現代の文明国家となり得る。
(張博樹『新全体主義の思想史』四六頁)

これは、王朝国家の専制支配者の恣意と暴力に依拠した統治手法を批判するかたちで、共産党の統治手法を批判したものであり、法治に基づいた統治を実現するために中国の政治文化を変革することを説いたのである。これは、二〇世紀初めに陳独秀が主導した、伝統的な中国文化の変革と個人の自立を説いた啓蒙思想運動の再現でもあったのである。

民主化運動では、言論の自由だけでなく、人権の擁護を前面に出した主張もなされた。一九七九年に中国人権同盟の名で、北京の民主の壁に「中国人権宣言一九カ条」が発表されたことは、その一つである。宣言の主な内容は、思想・言論の自由の実現、党と国家の指導者を批判する権利の保障、民主主義と自由の実現などからなっていたが、これとの関連で魏京生は、「政治活動とは人権獲得と人権抑圧との活動だ」と言い切った。人権は共産党統治において無視されたもののうち最たるものだからである。

第三章のおわりに

現代アジアの政治体制は、当初は議会制民主主義で出発した国が多かったが、しだいに政党政治が混乱すると、それに対する不満と批判が強まり、多くの国で軍政や一党独裁が議会制民主主義にかわる受け皿になった。欧米をはじめとした多くの国が、近代に専制から議会制民主主義へ転換するという道を辿ったが、現代アジアでは、少なからぬ国で議会制民主主義から軍政や独裁への逆行が起こっているわけである。

現在、アジアでは民主主義をめぐってさまざまな政治勢力が独自の主張をしている状態であるが、自由主義型民主主義を求める民主化運動を現代アジアのなかで位置づけると、次のような構図を描くことができる。第二次世界大戦直後にアメリカとソ連が対立した冷戦期には、民主主義と共産主義のどちらが優れているのかをめぐって、それを支持する政治家や思想家のあいだで激しい論争が起こった。そして、ソ連が崩壊して共産主義陣営が消滅した現在は、民主主義を軸にして、自由主義型民主主義と「反自由主義型」民主主義のどちらが優れているのかをめぐる対立と論争に変わったという構図である。

この対立と論争において、少なからぬ国の指導者が、自由主義型民主主義の有効性に疑念や批判を表明しているが、同時に、民主化運動に代表されるように、軍政や権威主義、共産党独裁などに対する批判、すなわち、「反自由主義型」民主主義に対する批判も起こっている。これは、あらゆる人を満足させる政治体制など存在しないことの証左のようでもあるが、現在のアジアの政治体制や政治思想が混沌とした状態にあることを反映したものでもある。アジアは今や、民主主義のかたちをめぐる新たな対立と論争の主戦場となっていると言えるだろう。

終章

政治思想からみるアジア政治の課題

本書ではここまで、アジアにおける政治思想の言説やその移り変わりを、大きく三つの時代に区分してそれぞれみてきた。王朝国家の時代には支配者が宗教を用いて君臨し、植民地国家の時代にはアジアの大部分がヨーロッパ勢力の統治下に置かれてその影響を受け、そして、国民主権を前提とする政治思想をもとに現代国家の時代は試行錯誤が続いている。そうした大きな潮流もみえてきたはずである。

本章では、アジア政治思想史の特徴を改めて踏まえた上で、アジア政治の課題について筆者の私見を交えながら展望を述べてみたい。

1　アジア政治思想史の考察

王朝国家と現代国家の断絶性・連続性

アジアは、王朝国家、植民地国家、現代国家という三つの国家類型の変遷を辿《たど》ったが、この三つのうち、支配者がアジア人であるのは王朝国家と現代国家である。王朝国家と現代国家は、植民地国家を挟んで、断絶したものなのか、連続したものなのか。その点をまずは考えてみる。

王朝国家と現代国家では、それぞれの政治思想が依拠するものは大きく転換した。その点で言えば、両者は断絶したものとみることができる。王朝国家が拠りどころとしたものは「天や神」であったが、現代国家が拠りどころとするのは「国民」である。たとえば、現代において「天や神」を国家権力の唯一の拠りどころとして国民の自由を制限するようなことは難しいであろう。アジアはかつての王朝国家の時代とは全く違うものとなり、不可逆的な断絶があると言える。

一方で、王朝国家と現代国家は連続性をもったものであるとみることもできる。たとえば中国の例を挙げてみよう。中華人民共和国という現代国家になると、中国共産党の統治は共産主義が国是になり、王朝国家を支えていた儒教の封建道徳が徹底的に否定されて、一九六〇～七〇年代の文化大革命で頂点に達した。これは一見すると断絶性を物語っているが、文化大革命にともなう政治混乱が収束して経済開発が前面に出た一九八〇年代になると、一転して、孔子を優れた教育者とする見方が唱えられて、孔子(儒教)に対する評価が変転したのである。それだけでなく、共産党もまた王朝国家のような体制に近づいていった。

王朝国家と現代国家における儒教の関連性について、中国研究者の溝口雄三は、「社会主義時代の中国を見た目では、その時代には旧中国の伝統は大幅に破壊されたかに見えていたが、じつは倫理社会としての礼儀社会の骨格は残されていた」と指摘している。また、「それが露呈したのは、皮肉にも、孔子批判がその頂点を極めた文化大革命のときだった。すなわち、個人よりは集団、知識や技術よりは道徳や思想性、法治よりは人治、私よりは公などの倫理主義的伝統が、文化大革命の時期に局限にまで肥大化した。つまり、中国における社会主義は、マルクス主義の中国独自版と言われるように、中国独自の相互扶助的な社会システムを骨格にしたものである」という主旨の指摘もしている。溝口雄三が述べるように、中国では国家類型がどのようなものかに関係なく、ほぼ一貫して儒教が国家や社会の思想の基調をなしているが、これは儒教を媒介にして、王朝国家と現代国家が連続したものであることを示すものである。

共産党の統治と王朝国家の統治が連続したものであるという指摘も少なくない。民主化運動家の厳《げん》家祺《かき》らが、民主化運動が高揚した一九八九年に、「清王朝が滅びて七六年も経つのに、中国にはまだ皇帝の称号なき皇帝、歳老いて愚昧な独裁者がいる」と当時の共産党の実力者鄧小平《とうしょうへい》を批判したことは、連続性を指摘した先駆的な一つである。現代中国政治研究者の天児慧は、中国共産党の統治と王朝国家の皇帝の統治の類似性を、もっと明瞭に指摘する。

このように歴史を見ていくと、公式的には「人民の歴史」と言われるが、実際には突出した指導者の構想した絵をキャンパスに描いていったのが、「歴史」と言っても過言でないかもしれない。言うまでもなくその指導者とは、毛沢東、鄧小平であり、今日の習近平もこれに繋がってくる。誤解を恐れず表現するならば、彼らは中国王朝史に登場してきた皇帝に相当する存在であり、中華人民共和国史とは共産党王朝史であったといえるかもしれない。彼ら三人は独裁的な皇帝で、暴君であったが、勇気と知恵を持ち、時には民の声に耳を傾ける啓蒙君主でもあった。しかし三者とも、個々の人々の基本的な人権や自由平等の権利には冷淡であった。まさに、儒教的な賢人為政者であった。(天児慧『巨龍の胎動』四四二頁)

革命家で共産主義者の毛沢東本人も、それがどこまで本気だったか不明だが、自分はマルクスと秦の始皇帝を合わせた人格であることを自称したという。これらが意味することは、中華人民共和国はそれまでの王朝国家の政治思想や統治スタイルを否定して登場したものだが、共産党の統治は、王朝国家のそれとほとんど変わらないこと、換言すると、王朝国家の皇帝の統治意識と共産党支配者の統治意識が連続したものであることである。

ただ留意すべきは、中国でも、近代西欧の啓蒙思想が伝わった二〇世紀初めに、王朝国家の専制を否定して民主主義を説いた知識人の一群が登場したこと、その精神が共産党独裁の現代でも、民主化運動者のあいだで生き続けて、民主主義意識が傍流として流れていることである。この限りでは、中国も断絶性の側面と無関係ではないのである。

王朝国家と現代国家の連続性を示す中国の例がアジア政治思想史で注目されるのは、王朝国家の基調をなした政治思想が、国家類型や支配者が変わっても(すなわち現代国家でも)、状況に応じてしばしば顔を出しているからである。この連続性の側面は、インドネシアやタイなど、多くのアジアの国にも当てはまるとされ、たとえば、インドネシアで一九六〇～九〇年代に大統領に君臨したスハルトの統治スタイルが、ジャワ王朝国家の国王のそれと類似したものだったという指摘もある

植民地国家時代の二つのタイプの近代主義者

アジア政治思想史における王朝国家と現代国家の断絶性と連続性の二つの側面は、実は植民地国家時代にその萌芽がつくられたものだった、というのが筆者の見方である。アジアの多くの知識人が近代西欧思想の影響を受けて民主主義を唱えたことは、現代国家において王朝国家との断絶性を象徴す

る民主主義が基調になる役割を果たした。しかし同時に、その際の言説のなかには王朝国家との連続性を残すことにつながるものもあったからである。これを示すものとして、植民地国家時代に近代化と民主主義を説いた知識人が、三つのタイプに分かれるものだったことを挙げてみたい。

第一タイプは、言説活動を始めた当初は、民主主義を熱く説いたが、その後、民主主義とは違う政治思想を説くか、あるいは違う政治行動を採った人々である。何人か挙げると、当初は啓蒙思想を説いたが、のちに国家主義者に転じた福澤諭吉、中国の近代化改革を主導したが、のちに儒教を原理にして世界国家をつくることを唱えた康有為《こうゆうい》、康有為と一緒に近代化改革を行ったが、のちに西欧諸国の帝国主義行動を批判して伝統的中国思想を再評価した梁啓超《りょうけいちょう》、それに、当初は教科書通りの民主主義を説いたが、のちに中国を侵略した専制主義の日本と協調した汪精衛《おうせいえい》などがそうである。

第二タイプは、最初から近代主義者と伝統思想保持者の二つの顔をもっていた思想家である。このタイプの代表として、儒教思想を基礎にして、西欧国家に倣った近代化を説いた朝鮮の朴泳孝《パクヨンヒョ》が挙げられる。第一タイプに属した中国の康有為も、時期が違ったとはいえ近代化と儒教の国教化を説いたことから、このタイプにも属すると言える。

第三タイプは、政治思想活動の表舞台に登場してから最後まで、一貫して民主主義を説いた思想家である。このタイプには、たとえば次の人々が挙げられる。イギリスに七年留学したネルーは、共産主義にも関心を寄せたが、民主主義を原理にしてインドの政治社会を改造する考えが揺らぐことはなかった。アメリカに七年留学した中国(台湾)の胡適も、その政治思想言説は一貫して、欧米諸国のラディカルな自由主義者と同じものだった。オランダに一一年留学したインドネシアのハッタも、同世代の独立運動指導者のスカルノが欧米型民主主義を否定したのに対して、常に議会制民主主義を堅持することを唱えた。

植民地国家の時代に、この三つのタイプの思想家がいたことが、アジア政治思想史にもった意義は注目に値する。これが、現代の政治思想言説の構図にほぼ当てはまるからである。すなわち、単純化して言えば、第三タイプが、断絶性を象徴する人々、第一と第二タイプが、部分的に連続性を象徴する人々となるからである。この点で、どのような内容の民主主義を目指すべきなのかをめぐる現在の対立と論争は、アジアが民主主義を知った植民地国家の時代にすでに始まっていたと言えるのである。

民族文化の「タテ軸」と現代世界の政治潮流の「ヨコ軸」の二重構造モデル

アジア政治思想史において、なぜ王朝国家の支配者の統治意識と現代国家の支配者の統治意識が同じなのかという疑問がある一方、他面では、なぜ王朝国家と現代国家の原理が断絶しているのかという相反する疑問がある。それは、拙著『アジア政治とは何か』(二〇〇九)で提示したように、世界のどの地域でも、現代国家の政治は、その国の歴史的な民族文化の影響を受けた「タテ軸」と、その時代における世界の支配的な政治潮流の影響を受けた「ヨコ軸」の組み合わせからなる「二重構造モデル」が作用した結果だからであるというのが筆者の見方である。これを、中国（東アジア）、タイ（東南アジア）、インド（南アジア）の例で説明してみよう。

中国共産党の統治における専制というスタイルは、「タテ軸」にあたる王朝国家の影響を強く受けたものであり、現在、中国を支配しているのが共産主義を掲げる共産党である理由は、建国当時に世界の政治潮流の一つであった共産主義という「ヨコ軸」の影響を受けたからである。その結果として、二つが結合した共産党の専制という体制になった。なお、近代に世界各地の知識人に影響を与えた「ヨコ軸」には、民主主義と共産主義の二つがあり、中国でも、それぞれ民主主義と共産主義を受け入れた勢力が登場した。そして、どちらを現代中国の国家原理にするかをめぐる抗争に勝利したのが、共産主義勢力だったのである。

タイの国王を戴く民主主義、すなわちタイ式民主主義については次のようになる。立憲君主制を採るタイでは、なぜ現代でも国王の政治的影響力が強いのか。その理由は国王がタイの「タテ軸」にあたる民族文化のもっとも重要な要素だからである。そして、にもかかわらず国王の専制ではなく、国王の統治が憲法の制約を受ける立憲君主制であるのは、現代世界の政治体制の主流が立憲制であるという「ヨコ軸」の影響を受けたことにあり、その結果として、国王を戴くタイ式民主主義になったと考えられる。

インドが現代アジアを代表する民主主義国家の一つである理由は、植民地国家の時代に、ネルーなどの独立運動指導者が強い影響を受けた欧米において、民主主義が政治思想の「ヨコ軸」であったからである。そして、「タテ軸」の影響については、第二章で、ネルーやガンディーがカースト制度の因習を変革することを試みて挫折したことをみた。インド思想研究者の中村元は、インドの二〇〇〇年の歴史において、カースト制度を思想的に支える、バラモンの社会的優越性をそこなう恐れのある歴史的大変動は、枚挙にいとまがなかったこと、それはアショーカ王の仏教国教主義、西方異民族の侵入、イスラーム教徒の剣、イギリス帝国主義などがそうで、にもかかわらず、バラモンの社会的勢威は、結局くつがえらなかったという主旨のことを指摘している。これはヒンドゥー教とその指導者のバラモンが、インド社会のなかに深く埋め込まれて、それが現代にも影響を与えていること、すなわち「タテ軸」としての民族文化の強さを語るものである。この結果として、ヒンドゥー教社会のインドでは、政教分離の下での民主主義、すなわち、政治は民主主義、社会はヒンドゥー教というかたちとなっている。

ここでは、三つの国の例をみただけだが、現代でも、第二章でみた中国の康有為のように、儒教、すなわち、タテ軸で

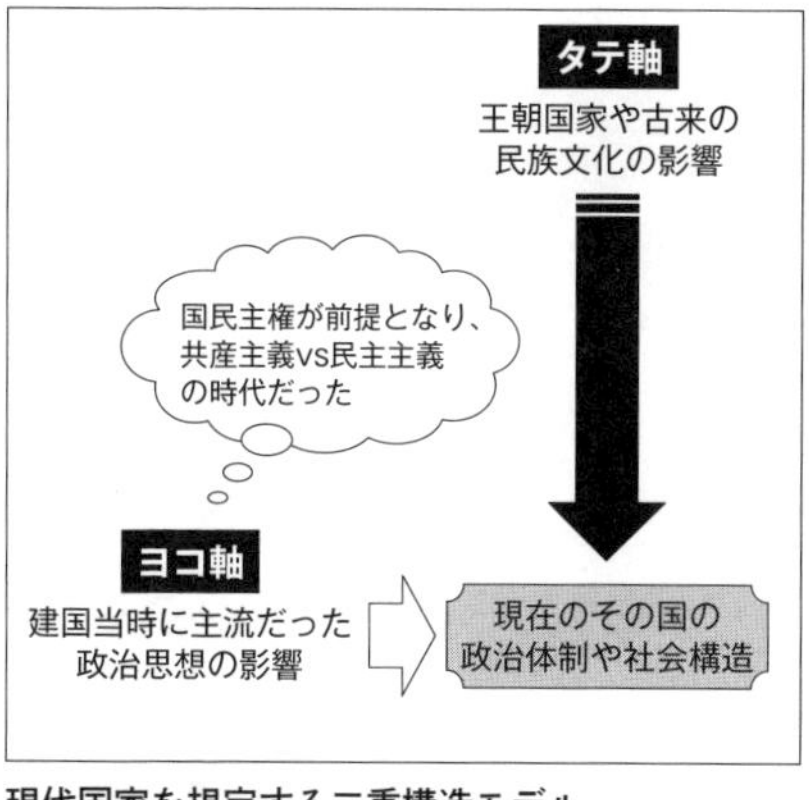

現代国家を規定する二重構造モデル

あるアジアの民族文化が欧米のそれよりも優れたものであることを唱える指導者もみられる。アジア型民主主義を唱えたリー・クアンユーやマハティールは、その一例である。これはアジア政治思想史において、歴史的な民族文化の規定性が、現代国家に対してどのようなものか理解する上で、興味深い問題であると同時に、その規定性をどこまで認めたらよいのか、難しい問題でもある。

2 何が問題であり課題なのか

ハンチントンの「民主化の第三の波」と現代

最後に、民主主義との関連でみた、アジア政治の問題と課題は何か、筆者の私見を交えながら述べてみたい。一九九〇年代に冷戦が終焉《しゅうえん》して、ソ連が崩壊すると、東欧諸国など世界各地の多くの国が、権威主義や共産主義から民主主義に転換したが、アメリカの政治学者サミュエル・ハンチントンが、これを「民主化の第三の波」と名づけたことはすでにみた通りである。世界の多くの国が民主主義体制になったことを受けて、政治学者のなかには、これで世界で民主主義と共産主義のどちらが優れた政治思想なのかという争いが終わり、今後はすべての国が民主主義に収斂《しゅうれん》すると考えた者もいた。

確かに、現在、共産主義が優れた政治思想であると唱えることは、共産主義を国家原理にする中国やベトナムの指導者もしていない。しかし、二〇〇〇年代になると、これまでとは違う内容の問題が浮上した。それは「どのような内容の民主主義が優れているのか」という問題である。この背景には、民主主義、権威主義、全体主義の三つの体制分類からすると、それまでは民主主義体制に区分されることなく、軍政や独裁などの権威主義体制に分類されていた国が、冷戦終焉後、わが国は独自の民主主義であると唱えるようになったということがある。

自由主義型民主主義と「反自由主義型」民主主義の対立

これを、アジア政治思想史の潮流の文脈で言えば、次のようになる。現代は、アジア政治の表舞台から天や神と王朝国家が消えて、自由で平等な国民からなる民主主義が表舞台を占めるものになった。しかし一九六〇年になると、自由主義型民主主義はうまく機能しないという批判が起こり、少なからぬ国が軍政や権威主義など非民主主義体制に転換した。これらの国が、自由主義型民主主義を批判する理由は、その下では政治社会の安定性を確保することが難しい、一人一票の制度は愚衆政治に陥りやすい、など国によってさまざまである。また、民主主義形態の一つが議会制民主主義であり、これは政党政治のことでもあるが、これに対しても、少なからぬ国の指導者や軍のあいだで、政党政治は党派的行動が著しい、政治家の私利私欲が政策や社会を歪めているという批判が強く出されている状況である。

このことは、冷戦が終焉してソ連率いる共産主義陣営が消滅した現在は、民主主義と共産主義のイデオロギー対立にかわって、アジア政治が、自由主義型民主主義と「反自由主義型」民主主義が対立して競合する状態になったことを物語っている。これを民主主義と強権主義の対立と捉える見方もあるが、筆者は、それを間違いだとまでは思わないが、この二項対立の用語を使った場合、民主主義とは何かという自己点検の意識が弱くなる恐れがあると考えている。民主主義は、常にその意味と意義を問い直す作業を必要とするからである。

現在、民主主義は、欧米型民主主義だけでなく、世界のそれぞれの国の歴史的経緯や政治社会の実情に応じて、それを反映したさまざまな民主主義がある。その一つがアジア型民主主義であると主張されているのである。これに加えて、二〇二一年にクーデタで実権を握ったミャンマーの軍政が、名目的とはいえ、歪められた民主主義を糺《ただ》すために介入したと主張していること、そして、ソ連と東欧の社会主義国家が消滅したなかで、アジアだけでなく世界でみても、最後の、あるいは、その代表国になった中国とベトナムが独自の民主主義を唱えていることは、民主主義とは何かをめぐる問題を複雑にしている。

反欧米型民主主義がアジアに登場した二つの要因

現在アジアでは、反欧米型民主主義が主張を強めているが、なぜなのだろうか。その要因としては二つ指摘できる。

一つは、アジアの「欧米離れ」である。植民地国家時代には、多くのアジアの知識人が、植民地支配から抜け出す、あるいは自立する方策として、近代西欧の政治理念を武器に自立を達成しようと考えたことから、熱く民主主義を説いた。しかし、独立とともに、植民地支配が終わっただけでなく、国家運営における欧米諸国の政治圧力も、ほとんどなくなった(その一つが民主化圧力)。そのため、経済開発や多民族型社会の秩序維持が喫緊な課題の国の指導者にとり、もはや欧米諸国の理念で国づくりや国家運営を行うことの必要性が弱まり、ここから自国の特殊性を前面に出した政治主張を行う「裁量権」が生まれたのである。

もう一つは、アジアの経済発展である。一九五〇〜六〇年代は、ほぼすべての国が、植民地化によって貧困化した国民経済を、欧米諸国の経済を手本にして、そして、欧米諸国からの援助や投資を得て、いかに立て直し、それに追いつくかが大きな課題であり目標でもあった。韓国、台湾、シンガポールなどの自由主義国家で開発主義国家が登場した背景には、このような事情があったのである。社会主義型開発を採用した中国やインドなどは経済開発が停滞したが、しかし冷戦終焉後は、これらの国も資本主義型開発に転換して、欧米諸国の投資をテコに、二〇〇〇年代になると中国とインドが目覚ましい発展を遂げた。これが重要だというのは、「発展」したアジアの国の指導者の目からすると、「停滞」する欧米諸国の経済は、もはやモデルや目標であることをやめただけでなく、少なからぬ指導者のあいだで、これが政治思想や政治体制にも適用されて、欧米型民主主義はアジアのモデルではない、という意識が生まれたことである。

要するに、独立後の時間の経過、それに、二〇〇〇年代に入ってのアジアの経済発展があいまって、少なからぬ国の指導者のあいだで、アジア(自国)の民族文化がもつ価値と意義を見る目が強まった、言い換えると、二重構造モデルのタテ軸への意識が強まり、これが自国の固有性を根拠にした民主主義論につながったのである。

どのような内容の民主主義が望ましいのか

現在アジアでは、さまざまな民主主義が唱えられており、民主主義とは何かという問いに、あらゆる政治的立場の人が満足するような解答を提出して、合意を得ることはきわめて難しい。中国共産党は欧米型民主主義をブルジョワ民主主義として批判するが、他方では、共産党が唱えるプロレタリア民主主義に対しても厳しい批判が出されている。そのため、問題は、民主主義か否かではなく、どのような内容の民主主義なのかということにあることは確かなのである。本書は、民主主義などをめぐる政治思想言説を可能な限り客観的に検討してきたが、本書が政治思想の教科書ではなく、「私論」であることから、批判や反論があることを承知の上で、ここで筆者の私見を述べてみたい。

改めて言えば、現在アジアは、どの国も民主主義を掲げながらも、その内容をめぐって大きな違いがある。具体的には、民主主義のエッセンスは何であるかをもとにして、それは自由と人権と考える自由主義型民主主義と、国民が選挙権をもつこと、それに定期的選挙と考える選挙型民主主義(これはアジア型民主主義の別名でもある)と、労働者階級を軸にしたものと考えるプロレタリア民主主義との三つが、優位を競い合う状態にある。この問題に対する筆者の考えは、次のようになる。

まず、プロレタリア民主主義について、次のように考える。筆者は、いかなる社会と国においても、自由と人権が人間の基本的権利であり、これが政治体制の不可欠な要件と考えている。しかし、プロレタリア民主主義が人権を認めていないこと、社会主義国家では国家指導者が国民の公正な選挙で選出されたものではないこと、統治の主体対象とされる労働者階級(すなわち、国民)が政治から疎外されていること、などの理由で、筆者が考える民主主義に値するものとみることはできない。この立場に立つと、現在は、自由主義型民主主義と選挙型民主主義が、優位をめぐり競い合っていることになる。ここでも筆者の立場を言えば、二つのうちでは、自由主義型民主主義がアジアや世界のあるべき民主主義だと考えるが、その理由は、選挙型民主主義が、しばしば自由を抑圧したり、人権を無視したりすることにある。

アジアにおける民主主義の課題

このような筆者の目からすると、現在、アジアにおける民主主義の課題はどのようなものか。具体的に挙げてみよう。

一つ目の課題は、「軍政」の民主化である。これに該当するのはミャンマーとタイである。タイの場合、二〇一四年のクーデタで、選挙で選ばれたタクシン元首相系統の政府が追放されて以降、現在、軍政が続いている。軍事政権は民主化への移行プロセスに言及しているが、それは遅々としたものでしかなく、軍事政権のペースで行われていることを否めない。ミャンマーは二〇二一年二月のクーデタで、アウン・サン・スー・チー政府がくつがえされて、多くの国民の反発や抗議運動、ASEAN諸国の批判があったにもかかわらず、軍事政権は権力を手放す姿勢を全く見せていない。それどころか、二〇二二年七月に、軍政に対して武力抵抗という「テロ行為」を行ったという理由で四人を死刑に処したのが実情である。

二つ目の課題は、「強権政治」の自由化である。カンボジアは二〇一八年総選挙の際に、フン・セン首相が野党の徹底的な弾圧を行い、議会の全議席を与党の人民党が独占して、一党支配が行われている。フィリピンは二〇二二年大統領選挙で、かつての独裁者、マルコス元大統領の長男が大統領に、副大統領には強権政治を行ったドゥテルテ前大統領の長女が当選した。もちろん、二人が強権政治家というわけではないが、二人が当選したのは、国民が父親の強権政治家のイメージを受け入れた（あるいは期待した）結果でもあったのである。

三つ目の課題が共産党など「一党独裁」の民主化である。現在、アジアで一党独裁が行われているのは、自由主義国家のカンボジアを除くと、中国、ベトナム、ラオス、北朝鮮の社会主義国家である。そのため、これは共産党支配の民主化ということになり歴史的にみて重要なテーマだが、それだけに難しい問題でもある。ここでは中国の民主化を例に言えば、解決に向けた言説の基調は、第三章でみた中国の民主化活動家の主張と同様、中国が世界の国々と共存するために、自由と法治に基づいた民主主義を基軸にするべきだ、という内容が主となるであろう。

これら三つのタイプだけでなく、現在、スリランカでラジャパクサ（一九四五〜）前大統領の腐敗をめぐって政府が大混乱し、また、マレーシアで首相ポストをめぐる与野党政治家の熾烈な政争が続いて、政治が大混乱している状態である。このことが示すように、民主主義の安定は、民主主義国家とみなされている国家にとっても現在進行形の大きな課題なのである。

アジアで民主主義が実際の政治過程において始まったのは、植民地国家の時代が終わった一九四五年以降のことでしかなく、そのためこれらの混乱は民主主義の定着に向けた、「試行錯誤」や「学習過程」とみることも可能である。しかし、これが長期間続いた場合、国民のあいだで民主主義に対する期待値が減退することもあり得る。そのため、できる限り早く課題は解決される方が望ましい。

アジアだけでなく、世界各地で自由主義型民主主義と「反自由主義型」民主主義が、優位を競い合っている現在、われわれは、どのような民主主義が望ましいと考えるのか、それぞれの選好を明確にすることを迫られていると言ってよい。言うまでもなく、それを決めるのはアジアの人々だが、自由主義型民主主義がアジアに広がり定着する上で、本書が少しでも何らかの役割を果たしたならば、筆者の本望である。

あとがき

これまでに筆者は、現代アジア政治に関する本を何冊か書いたが、それらとはやや異なるテーマの、約二〇〇〇年におよぶ歴史過程を視野に入れた、アジア政治思想史とも言えるものを今回は書いた。それは次のような経緯による。

筆者は二〇二一年に『近代アジアの啓蒙思想家』(講談社選書メチエ)を書いた。同書は、近代にアジアがヨーロッパ諸国による植民地化の危機に直面した際に、植民地化を免れる、あるいは政治的に自立するために、アジア諸国の知識人が近代ヨーロッパの民主主義思想に依拠しながら、自国の国家体制を変革することを唱えた言説を検討したものだった。それは、この時代におけるアジアの政治思想をみたものであったが、書いたあとで植民地化前の王朝国家、また、植民地支配が終わったあとの現代国家の政治思想はどのようなものか、これを通史的にみたならばどのようなアジアの政治思想像が描けるのかという疑問と興味が湧いてきた。ここから、王朝国家の時代、植民地国家の時代、現代国家の時代の政治思想を通貫してまとめることに思い至ったのである。

執筆に際しては、植民地国家の時代のそれは、『近代アジアの啓蒙思想家』を書いたときの知見をベースにし、現代国家のアジア型民主主義などは、これまでに書いた自分の論文などをベースにした。

新たに勉強する必要があったのは、主に現代国家の共産党の統治観、それに王朝国家の宗教に依拠した政治思想だった。ただ、幸いなことに二つのテーマともに、十分な基礎史料や研究書などがあった。とりわけ、王朝国家、なかでも中国とインドのそれが豊富で、むしろどの史料や研究書を利用したらよいのか、取捨選択に戸惑うほどだった。ともあれ、これらの史料や研究書なしには本書は成り立たなかった。感謝したい。とはいえ、本書が依拠した史料の選択、それに筆者の解釈の妥当性については、読者の忌憚のない批判と判断に委ねるしかない。

本書は、「アジア政治思想史」のつもりで書き始めたものだが、最後の現代国家の政治思想を書く段階になると、現在、世界的に民主主義の有効性に対する疑問や批判が高まっていることもあり、自由主義型民主主義の妥当性に対する筆者の想いを強調したいという気持ちが強くなった。この結果、当初の想定から少しずれて、「現代アジア民主主義論」という内容が色濃いものになった。

本書は「アジア政治思想史」でもあり、「現代アジア民主主義論」でもあるという、何とも体裁が悪いものになったが、筆者の想いが二つのテーマともに書いてみたいという欲張ったものにあったので、あえて一つに整合させなかった。この点についても、読者の率直な感想と評価に委ねるしかない。

二〇二三年一月

岩崎育夫

著者紹介

岩崎 育夫　いわさき いくお

1949年、長野県生まれ。立教大学文学部卒。
アジア経済研究所地域研究第一部主任調査研究員、拓殖大学国際学部教授などを歴任。専門は東アジア、東南アジアの政治発展論。

主要著書　『リー・クアンユー――西洋とアジアのはざまで』(岩波書店、1996年)
『アジア政治とは何か――開発・民主化・民主主義再考』(中公叢書、2009年)
『物語 シンガポールの歴史―エリート開発主義国家の200年』(中公新書、2013年)
『入門 東南アジア近現代史』(講談社現代新書、2017年)
『アジア近現代史――「世界史の誕生」以後の800年』(中公新書、2019年)
『近代アジアの啓蒙思想家』(講談社選書メチエ、2021年)

画像提供：ユニフォトプレス、時事通信社、国立国会図書館

現代《げんだい》アジアの「民主主義《みんしゅしゅぎ》」

2023年3月1日　第1版第1刷　印刷
2023年3月10日　第1版第1刷　発行

著者　岩崎育夫《いわさきいくお》
発行者　野澤武史

発行所　株式会社 山川出版社
〒101-0047　東京都千代田区内神田1-13-13
電話　03(3293)8131(営業)　03(3293)1802(編集)
https://www.yamakawa.co.jp/
振替 00120-9-43993

印刷所　株式会社太平印刷社
製本所　株式会社ブロケード
装幀　グラフ
本文デザイン・組版　株式会社明昌堂

Printed in Japan　ISBN 978-4-634-15229-8

参考文献

史料・辞典

天児慧他編『岩波現代中国事典』岩波書店　1999 年
大塚和夫他編『岩波イスラーム辞典』岩波書店　2002 年
『韓国朝鮮を知る事典』（新版）平凡社　2014 年
『東南アジアを知る事典』（新版）平凡社　2008 年
『南アジアを知る事典』平凡社　1992 年
歴史学研究会編『世界史史料　第 1 巻〜第 12 巻』岩波書店　2006 〜 10、12、13 年
歴史学研究会編『日本史史料　第 4 巻』岩波書店　1997 年

一般書

「序章」

ウェーバー、マックス（濱嶋朗訳）『権力と支配』講談社学術文庫　2012 年
佐々木毅『宗教と権力の政治――「哲学と政治」講義　Ⅱ』講談社学術文庫　2012 年
佐々木毅・鷲見誠一・杉田敦『西洋政治思想史』北樹出版　1995 年
福田歓一『近代の政治思想――その現実的・理論的諸前提』岩波新書　1970 年
福田歓一『政治学史』東京大学出版会　1985 年

「第一章」

赤木攻『タイのかたち』めこん　2019 年
荒松雄『ヒンドゥー教とイスラム教――南アジア史における宗教と社会』岩波新書　1977 年
池端雪浦編『東南アジア史　Ⅱ　島嶼部』山川出版社　1999 年
イブン・バットゥータ（イブン・ジュザイイ編、家島彦一訳注）『大旅行記　第 6 巻』 平凡社東洋文庫　2001 年
イブン・ハルドゥーン（森本公誠訳）『歴史序説　（1）（2）』岩波文庫　2001 年
岩崎育夫『アジア近現代史――「世界史の誕生」以降の 800 年』中公新書

2019年
岩崎育夫『アジアの国家史——民族・地理・交流』岩波現代全書　2014年
岩崎育夫『入門　東南アジア近現代史』講談社現代新書　2017年
尾形勇・岸本美緒編『中国史』山川出版社　1998年
貝塚茂樹『孔子』岩波新書　1951年
カーマンダキ（上村勝彦訳）『ニーティサーラ——古典インドの政略論』平凡社東洋文庫　1992年
辛島昇編『南アジア史』山川出版社　2004年
『古事記（中）』（次田真幸訳）講談社学術文庫　1980年
小杉泰『イスラームとは何か——その宗教・社会・文化』講談社現代新書　1994年
『コーラン（上）（中）（下）』（井筒俊彦訳）岩波文庫　1957～58年
ゴンダ、ヤン（鎧淳訳）『インド思想史』岩波文庫　2002年
『続日本紀（中）』（宇治谷孟訳）講談社学術文庫　1992年
『聖書　新改訳二〇一七』新日本聖書刊行会　2017年
『大学・中庸』（金谷治訳注）岩波文庫　1998年
武内義雄『中国思想史』講談社学術文庫　2022年
中村元『古代インド』講談社学術文庫　2004年
中村元『ブッダ伝——生涯と思想』角川ソフィア文庫　2015年
ネルー、ジャワーハルラール（辻直四郎・飯塚浩二・蠟山芳郎訳）『インドの発見（上）（下）』岩波書店　1953、56年
ノックス、ロバート（濱屋悦次訳）『セイロン島誌』平凡社東洋文庫　1994年
『バガヴァッド・ギーター』（上村勝彦訳）岩波文庫　1992年
『パサイ王国物語｜最古のマレー歴史文学』（野村亨訳注）平凡社東洋文庫　2001年
バード、イザベラ（時岡敬子訳）『朝鮮紀行——英国夫人の見た李朝末期』講談社学術文庫　1998年
バーブル（間野英二訳注）『バーブル・ナーマ　3——ムガル帝国創設者の回想録』平凡社東洋文庫　2015年
早島鏡正・高崎直道・原実・前田専学『インド思想史』東京大学出版会　1982年

弘末雅士『東南アジアの建国神話』山川出版社　2003 年
『ブッダのことば——スッタニパータ』（中村元訳）岩波文庫　1991 年
古田元夫『ベトナムの世界史——中華世界から東南アジア世界へ』（増補新装版）東京大学出版会　2015 年
『墨子』（金谷治訳）中公クラシックス　2018 年
『マヌ法典』（渡瀬信之訳注）平凡社東洋文庫　2013 年
溝口雄三『中国思想のエッセンス　Ⅰ——異と同のあいだ』岩波書店　2011 年
溝口雄三・池田知久・小島毅『中国思想史』東京大学出版会　2007 年
『孟子（上）（下）』（小林勝人訳注）岩波文庫　1968、72 年
森三樹三郎『中国思想史（上）（下）』第三文明社　1978 年
森本公誠『イブン＝ハルドゥーン』講談社学術文庫　2011 年
森本達雄『ヒンドゥー教——インドの聖と俗』中公新書　2003 年
山崎元一『古代インドの王権と宗教——王とバラモン』刀水書房　1994 年
山崎元一『古代インドの文明と社会』中公文庫　2009 年
リード、アンソニー（太田淳・長田紀之監訳）『世界史のなかの東南アジア——歴史を変える交差路（上）（下）』名古屋大学出版会　2021 年
『老子』（蜂屋邦夫訳注）岩波文庫　2008 年
『論語』（金谷治訳注）ワイド版岩波文庫　2001 年

「第二章」

安藤昌益（野口武彦抄訳）『自然真営道』講談社学術文庫　2021 年
岩崎育夫『近代アジアの啓蒙思想家』講談社選書メチエ　2021 年
柿崎一郎『物語　タイの歴史——微笑みの国の真実』中公新書　2007 年
グリーダー、ジェローム（佐藤公彦訳）『胡適 1891 ～ 1962 ——中国革命の中のリベラリズム』藤原書店　2018 年
黄宗羲（濱久雄訳・解説）『明夷待訪録』明徳出版社　2004 年
小島毅編『東アジアの王権と宗教』勉誠出版　2012 年
胡適（佐藤公彦訳）『胡適文選　第 1 巻』平凡社東洋文庫　2021 年
坂本徳松『ガンジー』（新装版）清水書院　2015 年
佐藤慎一編『近代中国の思索者たち』大修館書店　1998 年
周程『福澤諭吉と陳独秀——東アジア近代科学啓蒙思想の黎明』東京大学出版

会　2010年
『清末民国初政治評論集』（西順蔵・島田虔次編訳）平凡社　1971年
孫文（安藤彦太郎訳）『三民主義（上）（下）』岩波文庫　1957年
孫文（深町英夫編訳）『孫文革命文集』岩波文庫　2011年
『朝鮮開化派選集――金玉均・朴泳孝・兪吉濬・徐載弼』（月脚達彦訳注）平凡社東洋文庫　2014年
陳独秀（長堀祐造他編訳）『陳独秀文集　第1巻、第3巻』平凡社東洋文庫　2016～17年
月脚達彦『朝鮮開化思想とナショナリズム――近代朝鮮の形成』東京大学出版会　2009年
土屋健治『インドネシア――思想の系譜』勁草書房　1994年
中江兆民（松永昌三編）『中江兆民評論集』岩波文庫　1993年
中江兆民（桑原武夫・島田虔次訳・校注）『三酔人経綸問答』岩波文庫　1965年
長崎暢子『ガンディー――反近代の実験』岩波書店　1996年
根本敬『アウン・サン――封印された独立ビルマの夢』岩波書店　1996年
ネルー、ジャワーハルラール（大山聡訳）『父が子に語る世界歴史　第5巻』（新装版）　みすず書房　2016年
狭間直樹『梁啓超――東アジア文明史の転換』岩波現代全書　2016年
福澤諭吉（松沢弘陽校注）『文明論之概略』岩波文庫　1995年
福澤諭吉『学問のすゝめ』岩波文庫　1942年
ムーア、バリントン（宮崎隆次・森山茂徳・高橋直樹訳）『独裁と民主政治の社会的起源（上）（下）――近代世界形成過程における領主と農民』岩波文庫　2019年
横山宏章『陳独秀の時代――「個性の解放」をめざして』慶應義塾大学出版会　2009年
梁啓超（小野和子訳注）『清代学術概論――中国のルネッサンス』平凡社東洋文庫　1974年
梁啓超（高嶋航訳注）『新民説』平凡社東洋文庫　2014年

「第三章」

岩崎育夫編『アジアと民主主義――政治権力者の思想と行動』アジア経済研究

所　1997年
宇野重昭『毛沢東』（新装版）清水書院　2016年
王丹（加藤敬事訳）『中華人民共和国史十五講』ちくま学芸文庫　2014年
粕谷祐子編『アジアの脱植民地化と体制変動――民主制と独裁の歴史的起源』白水社　2022年
川中豪・川村晃一編『教養の東南アジア現代史』ミネルヴァ書房　2020年
河森正人『タイ――変容する民主主義のかたち』アジア経済研究所　1997年
木村幹『韓国現代史――大統領たちの栄光と蹉跌』中公新書　2008年
徐大粛（古田博司訳）『金日成と金正日――革命神話と主体思想』岩波書店　1996年
白石隆『スカルノとスハルト――偉大なるインドネシアをめざして』岩波書店　1997年
末広昭『タイ――開発と民主主義』岩波新書　1993年
張博樹（石井知章・及川淳子・中村達雄訳）『新全体主義の思想史――コロンビア大学現代中国講義』白水社　2019年
坪井善明『ヴェトナム現代政治』東京大学出版会　2002年
外山文子・日下渉・伊賀司・見市健編著『二一世紀東南アジアの強権政治――「ストロングマン」時代の到来』明石書店　2018年
中兼和津次『毛沢東論――真理は天から降ってくる』名古屋大学出版会　2021年
根本敬『物語　ビルマの歴史――王朝時代から現代まで』中公新書　2014年
古田元夫『東南アジア史10講』岩波新書　2021年
毛里和子『現代中国政治』（新版）名古屋大学出版会　2004年
李鋭（小島晋治編訳）『中国民主改革派の主張――中国共産党私史』岩波現代文庫　2013年

「終章」

天児慧『巨龍の胎動――毛沢東 vs 鄧小平』講談社学術文庫　2021年
岩崎育夫『アジア政治とは何か――開発・民主化・民主主義再考』中公叢書　2009年